Franz Weimeier

Nur noch 10 Jahre ... bis zur Rente

Franz Weimeier

Nur noch 10 Jahre ... bis zur Rente

Tagebuch des Heizungskundendiensttechnikers Franz

R. G. Fischer

Die Handlung dieses Buches sowie die darin vorkommenden Personen sind frei erfunden; eventuelle Ähnlichkeiten mit realen Begebenheiten und tatsächlich lebenden oder bereits verstorbenen Personen wären rein zufällig.

Bibliografische Information der Deutschen Nationalbibliothek:
Die Deutsche Nationalbibliothek verzeichnet diese Publikation in der Deutschen Nationalbibliografie; detaillierte bibliografische Daten sind im Internet über http://dnb.dnb.de abrufbar.

© 2024 by R. G. Fischer Verlag
Orber Str. 30, D-60386 Frankfurt/Main
Alle Rechte vorbehalten
Schriftart: Bergamo
Herstellung: rgf/bf/1B
ISBN 978-3-8301-1943-2

2023

1. Januar 2023

Das neue Jahr fing um 6.30 Uhr nicht so entspannt, erholsam und gut an, wie es mir sämtliche WhatsApp Silvesterschreiber gewünscht hatten. Soeben hatte mich mein ungeliebter Wecker aus meiner Tiefschlafphase gerissen. Heute ist Schichtwechsel beim Bereitschaftsdienst in meiner Heizungsfirma in Augsburg. Um 8 Uhr ist Treffpunkt in der Firma, wo ich meinem Kollegen Simon das Handy übergebe. Die letzten 4 Tage hatte ich Dienst mit wenigen Einsätzen.

Eigentlich sind es nur 25 Minuten Fahrtzeit von meinem Wohnort Kaufering bis zu meiner Firma in Augsburg. Bin ja aber inzwischen auch schon im gesetzten Alter von 56 Jahren. Brauche da jetzt mehr Vorlaufzeit, bis man mich unter die Leute lassen kann. Alleine das Positionieren der letzten 50 Haare auf dem Kopf erfordert viel Zeit und Geduld. Seit letztem Jahr messe ich auch täglich den Blutdruck und stelle mich auf die Waage. 80 kg und Blutdruck 102/69 sorgen weder für großes Entsetzen noch für große Freude.

Die Fahrt nach Augsburg erinnerte mich stark an die Corona-Anfangszeit. Auf der B17 war ich fast alleine unterwegs. Die meisten waren wohl noch silvestergeschädigt im Bett. Pünktlich und zuverlässig um 8 Uhr übergab ich das Bereitschaftshandy meinem Kollegen Simon, der in Bobingen wohnt. Wir tauschten uns über die Störungen und Reparaturen der letzten Tage aus.

Irgendwann, wie so oft, kamen wir wieder auf das Thema mit der Rente. Er 59 Jahre alt, ich 56 Jahre, da kann man jeden Tag von der Sehnsucht und dem Wunsch nach der baldigen Rente sprechen und träumen …

Wieder zu Hause angekommen, gab es ein Frühstück mit meiner Frau Cornelia und den Freunden Roberta und Frank aus Polling. Wir hatten gemeinsam ins neue Jahr gefeiert. Nachdem sich Frank und Roberta wieder auf den Heimweg nach Polling gemacht hatten, war ein Spaziergang mit meiner Frau Cornelia angesagt.

Heute ist der 1. Januar und wir waren bei 19 Grad im T-Shirt unterwegs. Der Klimawandel ist auch in Kaufering angekommen.

2. Januar 2023

Am ersten Montag des Jahres geht es für mich wieder los mit dem Alltag in der Arbeit. Wir haben heute nur eine Notbesetzung in der Firma. Selbst die komplette Chefetage ist beim Skifahren. Heute sind nur Mitarbeiter anwesend, die richtig gern zur Arbeit gehen, oder welche, die keinen Resturlaub mehr haben. Ich gehöre eindeutig zur zweiten Gruppe. Unsere 4-Mitarbeiter-Notbesetzung besteht heute aus Traute und Ulla im Büro und Simon und mir im Kundendienst.

Um 8 Uhr habe ich meinen ersten Termin bei Frau Säger in Königsbrunn. Frau Säger hat vor 3 Wochen ihren Mann verloren. Letzte Woche wurde der komplette Heizungskeller nach einem Wasserschaden geflutet. Droht jetzt mit Monteur Franz der dritte Nackenschlag?

Meine ziemlich offene und ehrliche Art kommt bei den meisten Kunden gut an. Es gibt jedoch circa 5 Haushalte, die mit meiner Art nichts anfangen können. Anders ausgedrückt, hab ich da Hausverbot.

Bei Frau Säger ist heute alles gut gegangen. Nachdem ich das Ausdehnungsgefäß gewechselt und die Wartung an der Gasheizung durchgeführt hatte, gab es noch 20 Euro Trinkgeld. Ich habe mich sehr darüber gefreut.

Bei Frau Säger war ich noch nie gewesen, obwohl ich seit 15 Jahren in der Firma bin. Es bleibt aber auch nach 35 Jahren im Heizungskundendienst immer noch interessant und spannend, auf neue Kundschaft zu treffen.
Beim Kundendienst am Nachmittag gab es bei Frau Zitterling aus Klosterlechfeld weitere 5 Euro Trinkgeld – ein guter Jahresanfang ...

3. Januar 2023

Auf meinem täglichen Weg von meinem Wohnort in Kaufering zur Firma fahre ich ungefähr 20 Kilometer auf der Bundesstraße 17 (B17).

Dort gibt es im Bereich Lagerlechfeld eine 3,5 Kilometer lange Geschwindigkeitsbegrenzung von 100 km/h. Mir ist schon lange aufgefallen, dass sich da ganz viele Autofahrer nicht dran halten – wohl auch mit dem Wissen, dass dort nie ein Blitzer steht. Aber die Geschwindigkeitsbegrenzung direkt durch Lagerlechfeld macht schon Sinn. Heute Morgen auf dem Weg zur Arbeit fuhr ich ganz gewissenhaft mit 100 km/h durch diesen Streckenabschnitt. Ich beobachtete, wie viele mich dann überholten.

Es waren tatsächlich 5 SUVs, die mit deutlich überhöhter Geschwindigkeit an mir vorbeibrausten. Früher dachte ich immer, SUV-Fahrer müssen mit ihren riesigen Autos protzen, um andere Defizite auszugleichen. Aber inzwischen denke ich anders. Die haben nämlich Probleme mit ihren Augen und übersehen sämtliche Geschwindigkeitsbeschränkungen.

Auch auf der Autobahn ist mir das schon oft passiert. Ich überhole einen Lastwagen mit 130 km/h. Von Weitem siehst du schon den rasenden SUV im Rückspiegel. Man klammert sich am Lenkrad fest, weil man Sorge hat, der knallt dir mit 180 km/h ins Heck. Puhhh ... 50 Meter vor dem Aufprall hat er es gecheckt und scheinbar auch gesehen, dass er nicht alleine auf der Autobahn unterwegs ist. Er steigt im letzten Augenblick in die Eisen, die allerbesten SUV-Fahrer betätigen aber vorher noch die Lichthupe. Vorausschauendes Fahren schaut anders aus.

Heute Morgen hatte ich bei Familie Vogt in Aichach noch einen Termin für eine Wartung am Pelletkessel. Bei der Ankunft dort, beim Aussteigen, bin ich dann direkt in die Hinterlassenschaften eines Hundes getreten.

Habe aber heute schon genug über die SUV-Fahrer gelästert. Über Hundebesitzer, die die Hinterlassenschaften ihres Hundes nicht einsammeln, werd ich aber auch noch schreiben ...

4. Januar 2023

Nachdem ich heute Morgen den Artikel im Focus von dem Wirtschaftsweisen Marwin Werdlos gelesen hatte, wurde meine Meinung bestätigt, dass viele Politiker und sogenannte »Wirtschaftsweise« völlig realitätsfremd in unserem Land unterwegs sind. Anheben des Renteneintrittsalters auf 69 Jahre, anpassen an die Lebenserwartung. Geht's noch???

Wer im Handwerk schwer körperlich arbeitet, dessen Körper ist meistens mit 60 Jahren so geschädigt, dass ein längeres Arbeiten in seinem Beruf gar nicht möglich ist. Sollen wir Handwerker dann mit 60 Jahren alle auf Computer und Büro umschulen? Wie lange einer im Handwerk körperlich durchhält, hat doch gar nix mit der »Lebenserwartung« zu tun. Wir haben im Handwerk eh schon viel zu wenig Personal. Wenn man das Renteneintrittsalter tatsächlich noch mal anhebt, wird man noch weniger junge Leute für das Handwerk begeistern können.

Aus lauter Frust und Verzweiflung habe ich soeben meinen Online-Lottoschein ausgefüllt. Ich habe größere Hoffnung, über den Lottogewinn zeitig in Rente zu gehen, als dass ich unseren Politikern vernünftige Lösungen zutraue.

Bin dann heute zusammen mit Simon in die Bäckergasse gefahren. Das ist so ein Gewerbehof, wo wir an 3 verschiedenen Gasanlagen die Wartung durchführen. Zwischen den Wartungen gehen wir immer Kaffee trinken. Das hat inzwischen schon Tradition. Schräg gegenüber vom Gewerbehof in der Friedberger Landbäckerei. Heute gab es zum Kaffee einen superleckeren Vanillezopf. Nach den Feiertagen wollte ich, wie so ziemlich alle, weniger Süßes essen und wieder mehr Sport machen.

Dann geht's halt morgen erst richtig los mit den guten Vorsätzen ...

5. Januar 2023

Ein Blutdruck von 110/63 und das Gewicht von 78.4 Kilo bestätigen mich in der Annahme, dass so ein süßer Vanillezopf dem Körper keinen Schaden zufügt.

Gestern Abend erhielt ich noch einen Anruf von meiner ehemaligen Chefin, dass ihr Mann letzte Woche verstorben ist. Bei der Firma Gießenbacher habe ich von September 1998 bis zum April 2008 gearbeitet. Habe dann meinen Arbeitsplatz gewechselt, weil nichts geregelt war. Mein Chef war damals schon fast 70 Jahre alt und es gab keinen potentiellen Nachfolger, der die Firma weitergeführt hätte. Für mich kam das nicht infrage, da ich zum Schluss kein gutes Verhältnis mehr zum Chef hatte. Er war sehr cholerisch. Von guter Laune und Freundlichkeit zu einem cholerischen Anfall verging nur sehr wenig Zeit. Als positiv empfand ich natürlich seine Einstellung zur Arbeit. Ich kann mich an ganz wenige Tage erinnern, an denen er nicht in seiner blauen Latzhose unterwegs war. Eigentlich waren es nur die Weihnachtsfeiern, in denen er ohne seine blaue Latzhose erschien.

An seinem 60. Geburtstag fuhren mein damaliger Arbeitskollege Klaus und ich in die Firma, um ihm einen kleinen Geschenkkorb zu übergeben. Wir trafen ihn in der Werkstatt an, wo er am Schraubstock, mit einer Feile bewaffnet, ein Metallstück bearbeitete. Wir durften ihm kurz zum Geburtstag gratulieren, wurden dann aber ganz schnell ins benachbarte Wohnhaus geschickt, wo uns die Chefin mit Kaffee versorgte. Er blieb am Schraubstock zurück.

Das letzte Mal habe ich ihn vor 2 oder 3 Jahren beim Heizungsgroßhändler in Bobingen getroffen. Natürlich war er mit über 80 Jahren noch in seiner blauen Latzhose unterwegs. Gesundheitlich war er schon lange angeschlagen. Er musste jahrelang zur Dialyse und erhielt vor 20 Jahren noch eine Spenderniere. Herr Gießenbacher wurde 83 Jahre alt. Er war das letzte halbe Jahr in einem Pflegeheim untergebracht, wo er auch verstarb. Ich habe höchsten Respekt vor seiner Lebensarbeitsleistung.

Der Wirtschaftsweise Marwin Werdlos würde sich bestätigt fühlen mit seiner Rente ab 69 …

6. Januar 2023

Heute ist Feiertag und ich habe keinen Bereitschaftsdienst. Die Wetterprognosen für heute sind sehr durchwachsen. Und somit ist heute der perfekte Tag, einen Gutschein für die Chocolaterie in Königsbrunn einzulösen. Den Gutschein hatten wir von der Firma zusammen mit einem leckeren Pralinen-Geschenk zu Weihnachten erhalten.

Meine Frau und ich haben den Gutschein heute Vormittag für ein tolles Frühstück in angenehmer Atmosphäre eingelöst. Danach haben wir einen Spaziergang um den Ilsesee gemacht. Nachmittags war dann Entspannung auf der Couch angesagt. Auf der Couch musste ich noch mal über den gestrigen Arbeitstag nachdenken.

Ich hatte in der Früh um 8 Uhr einen Termin zur Wartung einer Pelletheizung bei meinem ehemaligen Zahnarzt in Bergheim. Dr. Grandl kümmerte sich in seiner Praxis in Schwabmünchen Ende der 80er-Jahre bis Mitte der 90er-Jahre um meine Kauwerkzeuge. Er war ein sehr guter Zahnarzt, bei dem ich immer zufrieden war. Ab Mitte der 90er-Jahre behandelte er aber nur noch Privatpatienten, so dass ich zu einem anderen Zahnarzt wechseln musste.

Da er so ein guter Zahnarzt war, musste man in seiner Praxis oft lange Wartezeiten in Kauf nehmen. 1 bis 2 Stunden bis zur Behandlung waren keine Seltenheit. Ich hatte auch mal um 18 Uhr einen Behandlungstermin und kam erst um 21 Uhr nach Hause.

Mein Vater war auch bei diesem Zahnarzt. Er hatte mal am späten Vormittag einen Behandlungstermin, wurde dann aber irgendwie im Wartezimmer vergessen. Das komplette Zahnarztteam ging in die zweistündige Mittagspause. Mein Vater war ein sehr geduldiger, gutmütiger Mensch, der dann am späteren Nachmittag die Praxis verließ.

An diese Geschichte musste ich denken, als sich Herr Grandl gestern etwas über unsere Firma beschwerte. Man müsse so lange warten, bis jemand komme, waren seine Worte. Mein Vater, wenn er noch leben würde, könnte dazu auch eine Geschichte erzählen …

7. Januar 2023

Unsere Firma

Chef
Chefin

Meister
Donald

Büroangestellte
Sonnhilde
Traute
Ulla
Irmgard

Kundendienstmonteure
Franz
Simon
Dodo

Heizungsmonteure
Otto
Theo
Ferdinand
Fritz
Matze
Norbert
Sören

3. Lehrjahr
Momo
Maik

2. Lehrjahr
Lotte

Hausmeister
Justus

9. Januar 2023

Wegen fehlenden Materials und zurzeit nicht lieferbarer Heizkessel müssen – oder dürfen – Theo, Otto und Maik ihren Weihnachtsurlaub noch verlängern. Matze hat sich krankgemeldet. Nach dem Weihnachtsurlaub wünscht man sich gegenseitig noch ein gutes neues Jahr, und dann geht es auch schon weiter mit der Arbeit.

Nach dem ersten Kundendienst an der Gasheizung bei Familie Imschler in Königsbrunn fuhr ich zum Heizungsgroßhändler Goldhorn in Bobingen, um Ersatzteile zu besorgen.

Dort traf ich Hans aus Schwabmühlhausen. Als aktiver Vereinsfußballer spielte ich mit seinen Brüdern Konne, Hugo und Gogo irgendwann mal zusammen. Als der eine oder andere dann mal meinen Verein, die »SpVgg Langerringen«, verlassen hatte, trafen wir auch mal als Konkurrenten aufeinander. Mit Hans spielte ich allerdings nie zusammen. Er ist um einiges jünger als ich. Ehrlicherweise muss ich zugeben, dass Hans der deutlich bessere Fußballer war und einige Klassen höher spielte. Aber man kennt sich halt. Durch den Fußball und über die Arbeit. Hans und Konne arbeiten auch bei Heizungsfirmen.

Hans berichtete mir, dass Konne nach über 45 Jahren auf der Baustelle bereits 2 neue Hüften bekommen hat. Seine beiden Knie sind auch kaputt. Ihm geht es nicht sehr gut und er ist gerade im Krankenstand. Das ständige knien auf den kalten Baustellen hat ihn wohl geliefert. Er kann jetzt nicht mehr auf der Baustelle arbeiten und für eine Umschulung ist er schon zu alt. Das Jobcenter möchte ihm eine Stelle als Pförtner vermitteln. Kann man einen so fleißigen Heizungsmonteur, der sein Leben lang gearbeitet hat, nicht einfach in den verdienten Ruhestand schicken?

10. Januar 2023

Heute Morgen ist Otto ganz überraschend in der Firma aufgetaucht. Ich ging davon aus, dass er diese Woche noch Urlaub hat. Otto kommt aus Burching. Das liegt auf der anderen Seite des Lechs, und ist so ein Dorf, in dem keiner von uns gerne leben würde. Es gibt das Gerücht, dass es in Burching keine Corona-Fälle gegeben habe, weil selbst das Virus einen großen Bogen um Burching machte.

Simon und ich haben natürlich gelästert, weil er erst am Dienstag in die Arbeitswoche eingestiegen ist. »Sind in Burching schon wieder die Uhren stehen geblieben« oder »In Burching sind alle Tage grau, da kann man schon mal den Überblick über die Wochentage verlieren«. Solche spaßigen Bemerkungen fallen dann. Aber Otto hat eine große Klappe, der hält schon dagegen.

Bei meinem ersten Termin geht es zu Herrn Biehle in Kleinaitingen. Zu einer Wartung an seinem Pelletkessel.

Ich kenne Herrn Biehle schon lange und komme gut mit ihm zurecht. Wenn er aber mal seinen Redefluss aufnimmt, kann man ihn nicht mehr bremsen. Ein gemeinsames Meditations- und Schweigewochenende im Kloster würde mit ihm nicht gut gehen.

»Die gewählte Rufnummer ist uns nicht bekannt, bitte überprüfen Sie die Rufnummer!« Diese Bandansage am Telefon bedeutet oft nichts Gutes, wenn man eine ältere Person anruft. Und so war es dann auch bei Frau Fiebinger aus Königsbrunn, wo ich die Wartung durchführen wollte. Habe mich dann bei einem Nachbarn von Frau Fiebinger erkundigt. Der teilte mir mit, dass Frau Fiebinger letztes Jahr im September verstorben sei. Frau Fiebinger wurde 89 Jahre alt, war ein herzensguter Mensch und war trotz ihrer körperlichen Gebrechen immer gut drauf. Ich werde sie vermissen …

11. Januar 2023

Ich muss heute noch mal das Thema mit Herrn Biehle aus Kleinaitingen etwas ausweiten. Ich mag es eigentlich nicht, wenn die Kundschaft während der kompletten Wartung im Heizungsraum steht und mich beobachtet oder ausfragt.

Für mich passt es, wenn wir zu Beginn der Wartung durchsprechen, welche Probleme die Heizung hat oder was ich anders einstellen soll. Auch so ein klein wenig

Privates, was mit der Heizung nichts zu tun hat, ist in Ordnung. Aber dann möchte ich mit meiner Arbeit loslegen und mich auf meine Wartung oder auf meine Reparatur konzentrieren.

Nach vielen Jahren im Beruf bin ich da ziemlich offen und direkt zur Kundschaft. Und ich sage dann auch, dass ich jetzt meine Ruhe und Konzentration brauche und sie doch bitte nach oben gehen mögen. Fast alle folgen dieser Bitte dann auch. Auch Raucher, die sich im Heizungsraum eine anzünden, schicke ich sofort raus. Herr Stein aus Königsbrunn kann das jährlich bestätigen.

In jungen Jahren traute ich mich nicht, so direkt zur Kundschaft zu sein. Da hatte ich meine eigenen Mittel, die Kundschaft im Heizungsraum loszuwerden. Man kann zum Beispiel die Kundschaft ständig losschicken, um etwas zu besorgen: Zeitungspapier, Lumpen, Wasser, Verlängerungskabel, Handlampe und vieles andere mehr. Ein wenig fies war auch die Methode, beim Staubsaugen die Luftaustrittsöffnung vom Staubsauger so zu positionieren, dass die Luft dem Kunden voll ins Gesicht blies. Manchmal ließ ich die Kundschaft auch mitarbeiten. Herr May aus Königsbrunn musste bei mir einmal eine total verschlammte Neutralisationsgranulat-Röhre reinigen. In den folgenden Jahren habe ich Herrn May nie mehr im Heizungskeller angetroffen …

12. Januar 2023

Heute Morgen geht es in die Eppaner Straße in Augsburg zu einem Dreifamilienhaus mit einer Bioschreck-Pelletheizung. Von unseren Kundenanlagen mit Wartungsverträgen ist das die Anlage, bei der der meiste Dreck anfällt. Kessel, Rohre, Pumpen und Heizraumboden sind immer mit einer Ruß-/Ascheschicht bedeckt. Da musst du nicht nur den Pelletkessel reinigen, auch den Heizungsraum musst du dann gleich mitreinigen. Ansonsten verteilst du mit den Schuhen den ganzen Ruß im Treppenhaus.

Ich geh da zum Arbeiten nur noch mit kompletter Schutzausrüstung rein. Das heißt mit Atemschutz, Brille und Gehörschutz. Simon und ich fahren da immer zu zweit hin, damit sich der ganze Dreck wenigstens auf zwei Monteure verteilt. Nach der Wartung kannst du dich in der Firma erst mal komplett umziehen.

Am Nachmittag bin ich dann aber noch auf einer sauberen, ruhigen Baustelle. Bei den Freisingers in Schwabmünchen muss ich einen Pellet-Kaminofen mit Wassertasche elektrisch anschließen. Die Freisingers kenne ich noch von meiner ersten Heizungsfirma, wo ich als Kundendienstmonteur beschäftigt war. Bei der Firma Schneider aus Ettringen war ich fast 10 Jahre tätig. Damals, Ende der 80er-Jahre, bauten wir den Freisingers einen Gas-Brennwertkessel ein. Was zu dieser Zeit eher ein Experiment war, weil die Brennwertgeräte zu dieser

Zeit in der Entwicklung und Herstellung noch nicht ausgereift waren. Heutzutage baut man natürlich bei Gas gar nichts anderes mehr ein.

Bei Kaffee und Keksen überlegten die Freisingers und ich, welches Modell von welcher Firma damals eingebaut wurde. Es sind seitdem so viele Jahre vergangen, uns fiel der Name nicht mehr ein. Der Gas-Brennwertexot kam vor 10 Jahren auf den Schrott …

13. Januar 2023

Probleme und Störungen an Heizungsanlagen gibt es immer wieder mal. Aber so manches Problem ist ärgerlich und wäre vermeidbar.

Heute Morgen diskutierten wir den Fall von Frau Fegger aus Bobingen, wo nach etlichen Monaten die Aussicht besteht, dass die neue Heizung funktioniert. Angefangen hat alles im Sommer letzten Jahres. Ich war bei Frau Fegger vor Ort, um eine Störung am alten Brennwertgerät zu beheben. Bei der Reparatur stellte ich dann fest, dass der Wärmetauscher total verschmutzt und defekt war. Die Abgastemperatur war weit über 100 Grad, was ein gefährlicher und unzulässiger Betriebszustand ist. Ich habe die Anlage stillgelegt.

Frau Fegger war dann 2 bis 3 Monate ganz ohne Heizung und Warmwasser. Zunächst konnte sie sich nicht zwischen Pellet- und Gasheizung entscheiden. Als sie sich dann für Gas entschied, gab es Lieferschwierigkeiten, was in letzter Zeit öfter mal vorkommt.

Endlich wurde im Oktober die neue Gasheizung eingebaut. Eine Puderlos BB 372-20 mit Touchregelung. Die BB 372 Baureihe lief seit 2010 problemlos. Bei Frau Fegger bauten wir das erste Gerät mit der Touchregelung ein. Die neue Heizung lief 3 Wochen lang, dann gingen die Probleme erst richtig los.

Die Warmwasserfunktion funktionierte, aber die Heizung fiel immer wieder aus, aber ohne Störmeldung in der Regelung. Simon war ein paarmal an der Anlage. Strom abschalten und wieder einschalten brachte die Heizung zwar wieder zum Laufen, aber die Ursache war noch nicht beseitigt. Dann beauftragten wir den Puderlos-Werkskundendienst. Der unternahm mehrere Versuche und wechselte etliche Teile. Leider ohne Erfolg.

In der Weihnachtszeit war Dodo zweimal an der Anlage. Leider ohne Erfolg. Es wurden schon so viele Einsätze getätigt bzw. Kosten verursacht, dass sich dann immer die Frage stellt, wer das bezahlen soll.

Gestern war noch mal unser Meister Donald für 2 Stunden an der Anlage. In Rücksprache und nach vielen Telefonaten mit Puderlos stellte sich heraus, dass ein Update an der Regelung Abhilfe bringen sollte. Was für ein Wahnsinn!! Hauptsache Touchbedienung, weil es halt schick und modern ist. Und dann keinerlei Rückmeldung von Puderlos, dass es damit Probleme gibt. Das war definitiv keine Werbung für unsere Firma und Puderlos.

16. Januar 2023

Bin heute, am Montagmorgen, leicht verschnupft, aber ich denke und hoffe, es ist nur ein Streifschuss. Also ab in die Firma!

Ich hatte ja an diesem Wochenende Bereitschaftsdienst. In der Firma informierst du dann den Chef und die anderen Kundendienstler über die Einsätze am Wochenende. Es war bei mir diesmal nur ein Anruf am Sonntagnachmittag.

Eine Frau Reiss aus Königsbrunn rief sehr aufgeregt und emotional bei mir an und berichtete, dass das Warmwasser und die Heizung komplett ausgefallen seien. Vom Namen her wusste ich, dass Familie Reiss keine Stammkundschaft mit Wartungsvertrag ist. Ich gab ihr zu verstehen, dass der Wochenenddienst hauptsächlich für Kunden mit Wartungsvertrag gedacht sei. Daraufhin wurde Frau Reiss laut und schimpfte, dass das eine »Sauerei« sei, dass ich mich weigere loszufahren, und sie sich morgen beim Chef beschweren werde. Ich beruhigte sie etwas und stellte verschiedene Fragen zur Heizung und zur Störung. Schließlich konnte ich ihr über das Telefon weiterhelfen, so dass Heizung und Warmwasser auf Handbetrieb funktionierten. Dass man mir gleich droht, wenn ich nicht das mache, was sich der Kunde wünscht, finde ich nicht in Ordnung; auch wenn ich weiß, dass der Chef hinter mir steht, wenn sich jemand über mich beschwert. Aber Schwamm drüber, Frau Reiss und ich vertragen uns wieder.

Heute Vormittag hatte ich noch eine Wartung an der Pelletanlage von Familie Sauer aus Haunstetten. Die Sauers haben das Wohnhaus vom Feberle-Erwin gekauft. Der Erwin ist schon auch so ein Original!! Beim Heizungswechsel vor 2 Jahren waren wir relativ schnell beim »Du«. Er wollte mittags etwas für uns besorgen und dann kochen. Ich gab ihm noch den Hinweis, dass ich Vegetarier bin. Für Simon gab es etliche Leberkässemmeln. Für mich machte Erwin Gemüseauflauf, mengenmäßig hätte der für eine vierköpfige Familie gereicht. Erwin meinte es sehr gut mit uns beiden …

17. Januar 2023

Bin heute, am Dienstag, richtig verschnupft, es war kein Streifschuss. Eher ein Volltreffer. Ich hatte eine ganz schlechte Nacht, ständiges Schwitzen oder Frieren ließen keinen guten Schlaf zu. Da ich erst Ende November ein paar Tage wegen einer Erkältung krankgeschrieben war, konnte ich nicht schon wieder zu Hause bleiben. Das ist bei mir so eine Einstellung und Loyalität gegenüber dem Arbeitgeber, nicht zu oft und zu viel krank zu sein. Unsere jüngeren Mitarbeiter sehen das ganz anders. Wir haben da 2 jüngere Kollegen, die sind eigentlich regelmäßig jeden Monat ein paar Tage krank. Die sehen das wohl eher als zusätzliche Freizeit.

Im Heizungskeller bei Frau Möcklein aus Königsbrunn war es dann auch noch zugig und kalt, was mir nicht sehr geholfen hat. Gott sei Dank war es nur eine einfache Wartung am Ölkessel, die keine Probleme machte.

Man ist dann wirklich froh, wenn man den Tag irgendwie geschafft hat und zu Hause angekommen ist. Mit Tee und einem dicken Pullover ausgerüstet, habe ich die Couch den ganzen Abend nicht mehr verlassen.

Doch am frühen Abend klingelte unsere Vermieterin, Simone, die mit uns zusammen im Haus wohnt, an der Haustür. Erst wollte sie Cornelia sprechen, die aber noch auf dem Heimweg von der Arbeit war. Dann sagte Simone, dass ich mich nicht wundern solle, wenn demnächst eine fremde Frau im Haus unterwegs sei. Sie brauche eine Haushaltshilfe, da sie eine schwere Chemotherapie vor sich habe. Simone hat kurz vor Weihnachten die Diagnose Brustkrebs bekommen. Die Diagnose ist natürlich auch für uns ein Schock, aber wir sind guter Dinge, dass sie wieder ganz gesund wird. Simone ist eine starke Frau, die schafft das schon. Ihr Mann Bene und ihr Sohn Oscar brauchen sie ganz dringend.

18. Januar 2023

Mein Gesundheitszustand ist immer noch sehr schlecht. Heute in der Früh ist es auch noch sehr kalt, 3 Grad unter null. Jammern macht es auch nicht besser. Und los geht's.

Nach einer Wartung an einer Tolvis-Gasheizung bei Familie Fürrenberger/Dackl in Augsburg steht für mich heute noch eine Elektroinstallation an.

Seit Montag sind Otto und Matze im Waisengäßchen in Augsburg mit dem Austausch einer kompletten Heizungsanlage in einem Mehrfamilienhaus beschäftigt. Den Bewohnern ist versprochen worden, dass sie ab Donnerstag wieder Heizung und Warmwasser haben. Von unserer Seite ist es gut gelaufen, auch der Kaminbauer war schon da und hat einen neuen Kamineinsatz montiert. Ich war mittags vor Ort, um meine Elektroarbeiten auszuführen. Da in Mehrfamilienhäusern grundsätzlich der Heizungsraum der kleinste Raum im ganzen Gebäude ist, wird es mit mir, Otto, Matze und dem ganzen Werkzeug ganz schön eng. Dass mich meine Kollegen relativ schnell nach draußen zum Außenfühlerwechsel schicken, ist auch so ein Zeichen, dass im Heizraum wenig Platz zum Arbeiten ist.

Positiv an der Baustelle war, dass die Wände in dem Altbau so feucht und teilweise schimmelig waren, dass du beim Bohren keinen Staubsauger zum Absaugen benötigt hast.

Mit guter Teamarbeit und viel Spaß haben wir es dann geschafft, dass die Bewohner am Mittwochabend wieder Heizung und Warmwasser zur Verfügung hatten.

19. Januar 2023

Wir müssen heute noch mal ins Waisengäßchen, um die Restarbeiten an der neuen Heizungsanlage auszuführen. Wir, das sind Otto, Matze, Lotte und ich. Lotte ist die ältere der beiden Töchter aus der Chefetage. Sie ist jetzt im 2. Lehrjahr und macht einen richtig engagierten, fleißigen Eindruck. Obwohl sie eher dünn und schmächtig ist und wie eine Balletttänzerin aussieht, packt sie ganz schön mit an. Ich denke, die Lehrjahre unter lauter Jungs sind keine leichte Zeit für Lotte. Aber die beißt sich schon durch und geht ihren Weg.

Auf der Baustelle im Waisengäßchen ist die Stimmung nicht ganz so gelöst wie gestern. Obwohl ich Lotte nicht als große Dorftratsche einschätze, die zu Hause sämtliche Details ausplaudert. Und dass jeder zu Hause etwas von seinem Arbeitstag erzählt, ist ja auch normal.

Für ein Stimmungshoch sorgt Matze, als er Details aus der Umkleidekabine erzählt. Norbert soll berichtet haben, dass er und Otto oft die gleichen Unterhosen tragen. Kann man davon was ableiten? Ich natürlich schon. Habe Otto dann natürlich gefragt, wo er und Norbert immer gemeinsam Unterhosen einkaufen. Weiter ins Detail wollte ich dann aber gar nicht gehen. Otto ist meines Wissens glücklich verheiratet und hat 2 Kinder. Mit Spaß fällt die Arbeit dann doch immer leichter.

Für mich ist jetzt gleich Wochenende, da ich am Freitag nur noch bei Bereitschaftsdienst oder wenn eine Monteurbesprechung ansteht, arbeite.

23. Januar 2023

Am vergangenen Wochenende war privat viel los. Am Samstagfrüh bin ich um 7 Uhr mit Cornelia nach Esslingen gefahren, um die Schwiegereltern zu besuchen. Cornelia ging mit ihrer Mama Brigitte und ihrer Tochter Jenni zu einer Kunstausstellung in Stuttgart. Ich blieb in Esslingen und montierte einen klappbaren Duschsitz und leistete anschließend Cornelias Papa Walter etwas Gesellschaft.

Sonntagfrüh ging es gleich weiter über Kaufering, mit kurzer Pause und Mittagessen, nach Füssen zum König-Ludwig-Musical.

Am Montagmorgen habe ich es in der Firma dann wieder ruhiger, bin auch gesundheitlich wieder fast fit. Vormittags habe ich eine Ölbrennerwartung in Bobingen und eine Gaskesselstörung in Königsbrunn zu erledigen. Am Nachmittag muss ich Elektroarbeiten auf der Baustelle von Theo beginnen. Er baut in Königsbrunn gerade eine Pelletheizung ein. Die gesamte Installation – vom Ausbau des alten Ölkessels, Aufbau des Pellet-Sacksilos, Verrohrung, Installation und Elektroarbeiten – dauert ungefähr 2 Wochen.

Auf der Baustelle ist Theo zusammen mit dem Lehrling Maik. Ich kann Maik noch nicht so richtig einschätzen, da ich noch nicht mit ihm zusammengearbeitet habe. Was mich aber ganz fertig macht, ist sein lautes aufdringliches Lachen … Sein Lachen ist eine Mischung zwischen Maschinengewehr und Kreissäge. Wenn du da in seiner Nähe bist und hast noch kein Kopfweh, kannst du dir sicher sein, dass du bald Kopfweh bekommst. Auf der Baustelle trau ich mich dann schon gar nix Lustiges mehr zu sagen …

24. Januar 2023

Am frühen Morgen spricht mich im Büro mein Chef an, dass gestern ein Herr Bares im Büro war und darum gebeten hat, seine defekte Öldruckpumpe zu reparieren. Er sei angeblich eine ehemalige Kundschaft der Firma Gießenbacher, die es ja schon 2 bis 3 Jahre nicht mehr gibt. Ich war ja fast 10 Jahre beim Gießenbacher, an den Namen Bares kann ich mich aber nicht mehr erinnern.

Ich stimme der Reparatur trotzdem zu. Im gleichen Augenblick habe ich das Gefühl, dass Simon und Meister Donald die Augen verdrehen. Ich mache mich bei meinen Kollegen nicht so beliebt, wenn ich alte, langsam aussterbende Öldruckpumpen repariere. Außer mir mag im Betrieb keiner mehr diese Arbeit übernehmen. Die jüngeren Mitarbeiter wissen gar nicht mehr, wozu man diese Öldruckpumpen braucht und können sie daher auch nicht reparieren.

Kurz zu Erklärung, wozu die Öldruckpumpen benötigt werden: Hauptsächlich zur Versorgung von Einzelraumöfen, die über eine zentrale Ölversorgung von der Öldruckpumpe gespeist werden. Das Nachfüllen mit der Ölkanne an jedem einzelnen Ölofen entfällt somit – ebenso der Gestank im Wohnbereich.

Ich versetze mich dann immer in die Lage der Kundschaft und wäre auch froh, wenn sich da noch so ein alter Monteur findet, der sich damit auskennt und sich bereit erklärt, die Öldruckpumpe zu reparieren. Manchmal ist es von Vorteil, wenn man alt und erfahren ist. Aber eher selten …

25. Januar 2023

Nachdem ich am Vormittag die restlichen Elektroarbeiten an der Pelletheizung der Familie Reuter aus Königsbrunn erledigt hatte, fuhr ich in die Firma zurück. Zuerst um das nicht benötigte Elektromaterial wieder in das Lager zu sortieren. Anschließend musste ich noch Reparaturtermine für heute und morgen mit der Kundschaft vereinbaren.

Gleich heute Vormittag ging es noch zu Familie Bares in Bobingen zur Reparatur der Öldruckpumpe. Ich stellte schnell fest, dass ich noch nicht bei der türkischen Familie gearbeitet hatte. Nach der erfolgreichen Reparatur im Keller ging ich zu Familie Bares hoch, um die Funktion der Ölöfen zu überprüfen. Sie baten mich, die Schuhe auszuziehen, bevor ich die Wohnung betrete. Heute folgte ich dieser Bitte …

Ich kann mich noch an eine Reparatur bei Familie Pharma in Königsbrunn erinnern. Der Vorfall ereignete sich bereits vor 10 Jahren und ich zog damals meine Schuhe nicht aus. Bei Pharmas war das komplette Treppenhaus gefliest, die Heizung befand sich im Dachgeschoss und es war trockenes Wetter. Also optimale Voraussetzungen, keinen Schmutz auf den Fliesen zu hinterlassen. Als dann noch ihr Riesenköter (geschätzt 1 Meter hoch) ständig vom Garten zum Dachgeschoss hin- und herhetzte, stand mein Entschluss fest, dass ich meine Schuhe nicht ständig an- und ausziehe, wenn ich am Fahrzeug Ersatzteile holen muss.

Ich machte dem indischstämmigen Herrn Pharma klar, dass wir hier in Deutschland und nicht in Indien seien und dass man bei uns in Deutschland bei trockenem Wetter über Fliesen laufen dürfe. Herr Pharma schrieb noch am selben Tag eine Beschwerdemail an den Chef. Der Chef fragte mich am Feierabend, ob sich der Vorfall so ereignet habe. Ich konnte das mit einem klaren »Ja« beantworten.

Ich mach das beim nächsten Mal auch wieder so, ich bin und bleibe da ganz schön direkt und ehrlich, wenn mir was nicht passt …

26. Januar 2023

Heute Nachmittag steht noch ein Wartungstermin in meinem Terminkalender, der eine echte Herausforderung für mich ist. Es geht um eine Ölkesselwartung in einem Reihenhaus in Steppach, in dem eine Hundeschule untergebracht ist.

Ich bin kein Hundehasser, sondern eher ein Hundebesitzerhasser. Denn bei den Besitzern der Tiere liegt das Problem eher – sie sind mit ihren Hunden völlig überfordert. Ich habe dann auch wirklich Angst, wenn ich zu einer Kundschaft muss, die ihren Hund nicht im Griff hat. Den Satz »Der will doch nur spielen« könnten sich die Hundebesitzer sparen. Besser wäre: »Ich kann mit meinem Hund nicht umgehen, der macht, was er will.«

Aber es ist halt gerade modern, sich einen Hund anzuschaffen. Oft fehlen anschließend das Geld und die Zeit für eine Hundeschule. In der Hundeschule in Steppach war ich schon zweimal zum Kundendienst, so dass ich weiß, was mich erwartet. Du darfst nicht empfindlich sein, wenn es anders riecht als in anderen Häusern. Es riecht ungefähr so, wie wenn du direkt neben einem

Müllcontainer mit gebrauchten Pampers-Windeln stehst. Ich bin froh, dass mir der Kunde nichts zum Essen und Trinken anbietet.

Es bewegen sich 5 bis 10 größere Hunde freilaufend in der Wohnung. Aber der Hundetrainer hat gute Arbeit geleistet, die Tiere fallen mich nicht an. Ich frage den Hundetrainer, was so ein Rassehund wert ist. Er meint, für bestimmte Welpen müsse man schon 3.000 Euro ausgeben. Mir fallen ganz spontan 100.000 andere Sachen ein, die ich vorher kaufen würde.

Nach dem Kundendienst komm ich gesund und unverletzt nach Hause …

30. Januar 2023

Es fällt mir heute schwer, aus dem Bett zu kommen, es fällt mir schwer, in die Arbeit zu kommen. Schuld daran ist aber nicht die fehlende Motivation. Der Grund ist meine gestrige Schneeschuhtour bei herrlichem Sonnenschein auf die Alpspitze bei Nesselwang. Trotz momentan nicht vorhandener Kondition und gerade erst überstandener Erkältung bin ich gestern losgezogen. Solch einen Muskelkater in den Beinen hatte ich schon lange nicht mehr. Aber da muss ich jetzt durch.

Otto und Norbert sind nach überstandener Krankheit wieder in der Firma, dafür hat sich Sören heute Morgen krankgemeldet. In den Wintermonaten haben wir eigentlich immer ein oder zwei kranke Mitarbeiter.

Nach einem Kundendienst an der Ölheizung bei Familie Kablonsky in Wehringen ruft mich Traute aus unserem Büro an. Es sei noch eine Störung in Bobingen gemeldet und Frau Brummer möchte, dass ich zu ihr komme. Bin dann auch noch vormittags bei ihr und stelle einen Defekt am Gebläse ihres Gasbrennwertgerätes fest. Anschließend besorge ich das Gebläse in der Puderlos-Niederlassung in Augsburg, tausche es dann gleich aus und Frau Brummer hat es wieder warm.

Frau Brummer will Kaffee machen, wie immer, wenn ich bei ihr arbeite. Ich bin aber heute noch mit so viel Arbeit eingedeckt, dass ich Frau Brummer sage, dass ich mir den Kaffee für einen anderen Tag gutschreiben lasse. Für einen Tag, an dem ich nicht so viel Stress habe. Frau Brummer lacht, stimmt dem zu und ich muss weiter zum nächsten Termin. Viel Stress heute …

Später muss ich telefonisch bei der Firma Wiesenmann noch ein Ersatzteil für Frau Schnider-Vormeier bestellen – nach über einer halben Stunde Wartezeit in der Hotline flieg ich aus der Leitung. Das ist ganz normal bei Wiesenmann – dort sind wir nur C-Kunde und werden auch so behandelt.

31. Januar 2023

Meine Füße sind heute wieder in Ordnung und bringen mich gut und sicher in die Firma.

Um 7.30 Uhr habe ich heute einen Termin in einem Mietshaus in Königsbrunn, das der Firma Kufenbauer gehört. Die Firma Kufenbauer ist eine erfolgreiche Firma im Bereich der Industriewerkzeug-Herstellung. In dieser Firma hatten wir 3 Wartungsverträge, die die Firma Kufenbauer vor einigen Jahren gekündigt hat, warum auch immer.

Ich muss bei dieser Firma immer an den Senior-Chef denken, der einer der schlimmsten Choleriker ist, die ich je kennengelernt habe. Die Angestellten haben da immer ganz schön was abbekommen, wenn er seine Wutanfälle hatte. Das Personal hatte teilweise Angst vor ihm.

Auch von unserer Firma ließ er nicht mehr alle Monteure zu sich in die Firma. Ich durfte bis zum Schluss kommen, was aber kein großes Glück bedeutete. Ein Hausverbot bei den Kufenbauers wäre etwas Gutes gewesen. Zu seinem Auftreten passte dann auch ganz gut, dass er vor dem Gebäude am Eingang zu den Büros eine lebensgroße Statue von sich hatte errichten lassen. Ich möchte gar nicht wissen, wie viele Angestellte der Firma Kufenbauer sich in Gedanken diesen Platz anstatt der Toilette für ihre Geschäfte ausgesucht hätten ...

Am Nachmittag muss ich noch in die Wohnanlage in der Brentanostraße in Augsburg. Dort wurden bei der jährlichen Wasserprüfung im Warmwasser Legionellen festgestellt. Von der Hausverwaltung bekommen wir dann immer den Auftrag, die Warmwassertemperatur bis zum Anschlag hochzustellen, so dass die Nachprüfung des Warmwassers dann passt. Nach der Prüfung stellen wir dann die Wassertemperatur zurück. Dann spielen die Legionellen scheinbar keine Rolle mehr. Eigentlich eine Lumperei, aber so spart sich die Hausverwaltung den Einbau einer neuen Heizungsanlage. Und wir machen gegen Bezahlung eh fast alles …

1. Februar 2023

In aller Früh gibt es schon wieder schlechte Nachrichten in der Firma. Frau Fegger aus Bobingen meldet kaltes Wasser und keine Heizung. Genau die Frau Fegger, über deren Heizung ich am 13.1. schon ausführlich geschrieben hatte. Gestern war der Puderlos-Werkskundendienst bei Frau Fegger und hat ein neues Update aufgespielt. Und heute geht wieder nix mehr an ihrer Heizung. Die arme Frau Fegger hat einfach kein Glück mit ihrer neuen Heizung.

Im Betrieb hat sich Momo heute früh krankgemeldet. Somit haben wir diese Woche auch wieder 2 Kranke in der Firma.

Die Wiesenmann-Ersatzpumpe für Frau Schnider-Vormeier ist auch schon geliefert worden. Ich montiere sie heute gleich als Erstes, da das Haus ja seit Samstag unbeheizt ist. Frau Schnider-Vormeier kennt mich schon länger und vertraut mir. Sie überlässt mir die Haustürschlüssel, weil sie wegmuss. Auch Kaffee und 10 Euro Trinkgeld hat sie mir hingelegt. Ich finde es immer schön, wenn so ein Vertrauen da ist und freue mich darüber. Außerdem ist Frau Schnider-Vormeier FC-Augsburg-Fan und oft im Stadion. Da ich auch FC-Augsburg-Anhänger bin, gibt es immer was zu reden.

Später muss ich noch zu einer polnischen Familie, die in einem Mietshaus in Graben wohnt. Sie haben eine Störung an ihrer Pelletheizung gemeldet. Die Eltern sind so um die 60 Jahre und die Tochter und ihr Mann sind ungefähr 30 Jahre alt. Ein Baby gehört auch zur Familie. Bei der Familie brauchst du keinen Termin über das Telefon auszumachen. Die ganze Familie ist eigentlich immer zu Hause. Im Hof stehen 3 Autos mit gültigem Kennzeichen. Wenn du in das Haus kommst, hat es im Flur schon gefühlt 25° Grad. Die ganze Familie raucht. Mit Bürgergeld lässt es sich auch ganz gut leben … Mir kommt der Gedanke, dass ich es mir doch auch mit Bürgergeld gemütlich machen könnte. Aber den Gedanken verdränge ich ganz schnell wieder. Auf Kosten anderer möchte ich nicht leben.

2. Februar 2023

»Und täglich grüßt das Murmeltier« trifft jetzt schon auf Frau Fegger aus Bobingen zu. Heute Morgen ist schon wieder eine Mail von ihr im Postfach. Ihre Heizung ist schon wieder ausgefallen. Simon, Meister Donald und ich diskutieren – wie schon so oft – über diese Anlage. Unser Meister Donald, der oft für vieles Lösungen hat, ist auch schon so verzweifelt, dass ein Gerätewechsel vom neuen Touch-Brennwertgerät zum einfachen herkömmlichen Brennwertgerät nicht mehr ausgeschlossen scheint. Die Reparaturkosten von uns und vom Puderlos-Werkskundendienst übersteigen jetzt schon den Neupreis eines Brennwertgerätes. Wer die angefallenen Kosten übernimmt, ist ja eh noch offen. Ich denke, die Kosten werden Puderlos und wir uns teilen.

Heute Vormittag habe ich noch Elektroarbeiten bei Familie Barl aus Bobingen. Ferdinand und Fritz haben dort einen neuen Warmwasserspeicher eingebaut. Jetzt sind von mir noch die Pumpen und die Fühler elektrisch an die Kesselregelung anzuschließen. Zum Ende der Installation ist noch die Regelung neu zu programmieren und eine Funktionskontrolle durchzuführen.

Als ich kurz am Firmenfahrzeug bin und mir noch benötigtes Werkzeug für die Elektroarbeiten holen will, spricht mich eine ältere Dame an. »Zu mir müssen Sie jetzt aber auch bald wieder kommen.« Mir ist es dann immer etwas peinlich, wenn ich bei Leuten, die mich ansprechen, den Namen nicht zuordnen kann. Ich frage diese Leute dann immer über ihre Heizung aus: »Wie alt ist Ihre Heizung inzwischen?«, »Wann war der letzte Kundendienst an der Heizung?«, »Haben Sie einen Wartungsvertrag für ihre Heizung?« So kann ich dann oft die Heizung dem Kunden zuordnen und komme auf den Namen. Frau Krapf hat mich dann aber relativ schnell erlöst. Auf das »Ich bin Frau Krapf, Sie kennen mich doch«, erwiderte ich »Na klar kenne ich Sie noch!«.

5. Februar 2023

Die neue Woche startet mit kalten Temperaturen knapp unter der Nullgradgrenze. An diesem Montag hat sich keiner aus unserer Firma krankgemeldet. Das gibt es bei uns im Winter auch nicht oft.

Im Büro werden am Montagmorgen oft die Fußballergebnisse vom Wochenende analysiert. Ich habe da nach dem 1:0-Sieg des FC Augsburg am letzten Freitag eine gute Position. Muss mir keinen Spott und Häme wegen meines FC Augsburg anhören. Ganz anders geht es da Simon als Fan von Schalke 04. Letzter Platz und mit großer Wahrscheinlichkeit Absteiger in dieser Saison. Traurige Wochen und Monate für Simon …

Heute Vormittag habe ich noch einen Kundendienst-Termin bei Frau Zecherer in Straßberg. Ihr Mann ist schon vor etlichen Jahren verstorben. Der Heizungsraum war auch gleichzeitig die Werkstatt von Herrn Zecherer. Und wenn ich mir die Werkstatt so anschaue, dann weiß ich ganz genau, wo Herr Zecherer gearbeitet hat. Sämtliche Messgeräte, Schalttafeln, Elektrokabel usw. zeigen mir, dass er als Elektriker in der Hoch in Bobingen gearbeitet hat. Die Firma Hoch in Bobingen hat in den goldenen 70er- und 80er-Jahren so viel Umsatz gemacht, dass es nicht ins Gewicht fiel, dass viele Mitarbeiter ihre Werkstätten und anderes mit Werkzeug und Material der Firma ausstatteten. Die Mitarbeiter sahen es auch nicht als Diebstahl an, wenn sie Brotzeittaschen vollgepackt mit Hoch-Eigentum rausschleppten. Ich sprach auch schon einige darauf an. Die Antwort, die ich erhielt, ähnelte sich bei den Gefragten: »Das machen hier doch alle so!«

Ich kann da ganz gut mitreden, weil ich meine Lehre als Elektroanlageninstallateur und Energieanlagenelektroniker von September 1981 bis Februar 1985 in der

Hoch in Bobingen absolvierte, nach der Lehre dann aber kein vernünftiges Stellenangebot bekam. Ich war noch kurze Zeit als Staplerfahrer angestellt, bis ich meinen Grundwehrdienst bei der Bundeswehr antreten konnte. Nach der Bundeswehrzeit stieg ich in die Heizungsbranche ein …

6. Februar 2023

Heute musste ich nochmals ins Waisengäßchen nach Augsburg. Die Hausmeisterin hatte eine Störung und Wasserverlust an der Heizung gemeldet. Vor Ort kann ich diese Störungsmeldungen dann nicht nachvollziehen. Im Fehlerspeicher der Regelung sind keine Störungsmeldungen vorhanden. Dann kommt auch schon die Hausmeisterin in den Heizungsraum und schildert ihre Fehlerfeststellung. Die Störungsmeldung, die sie gesehen hat, war die Betriebslampe der Heizung. Und das Wassernachfüllen war ihre Antwort auf die vermeintliche Störung. Also gab es weder eine Störung noch einen Wasserverlust an der Anlage.

Aber ich gehe trotzdem näher auf ihre Probleme ein. Wir beschließen, andere Bewohner im Haus wegen der Heizungsprobleme zu befragen. Wir gehen im Erdgeschoss zum »Geigenbauer«. Wie er richtig heißt, ist mir nicht bekannt, alle nennen ihn einfach nur »Geigenbauer«. Er ist so zwischen 70 und 80 Jahre alt und hat hier im Haus immer noch seine Werkstatt, in der er Geigen baut. Er berichtet von einem gelegentlichen Pfeifen in der Heizungsanlage. Er meint aber, dass es auch sein Tinnitus sein könnte. Die anwesende Hausmeisterin ist dick angezogen und macht den Eindruck, dass sie auch nicht ganz gesund ist. Mit den beiden zusammen im Raum habe ich dann eher das Gefühl, dass ich mich im Wartezimmer einer Arztpraxis befinde …

Am Nachmittag muss ich dann noch zu Familie Häufele nach Königsbrunn, die eine Störung an der Ölheizung gemeldet hat. Deren Sohn Magnus kommt im September in unsere Firma und beginnt eine Lehre. Herr Häufele holt sofort nach meinem Eintreffen im Heizungsraum seinen Magnus hinzu. Er solle »gut aufpassen« und »viel fragen«. Er bleibt dann tatsächlich während der zweistündigen Reparatur bei mir im Heizungsraum und ist interessiert und hilfsbereit. Außerdem hat er ganze zwei Stunden ohne Smartphone durchgehalten. Das ist für einen Jugendlichen eine tolle Leistung. Ich denke, da bekommen wir wieder einen richtig guten Lehrling.

8. Februar 2023

Heute Morgen starte ich bei -8° Grad in die Firma. Nach meiner Ankunft im Betrieb gehe ich immer als Erstes ins Büro. Dort packe ich meine Aufträge, Störungen oder Wartungsverträge in meine Arbeitsmappe.

Heute sorge ich am frühen Morgen für den ersten Lacher. Mein Chef fragt mich, was ich an Fasching mache. Natürlich meint er, ob ich an Rosenmontag und Faschingsdienstag arbeite. Ich antworte ihm:»Ich mache an Fasching einen Indianer.« Es herrscht gute Stimmung im Büro.

Nach den Wartungsarbeiten an 2 Ölkesseln und 1 Gaskessel muss ich noch Material für den Umbau einer Ölversorgungsanlage besorgen. Ich fahre zum Heizungsgroßhändler Goldhorn in Bobingen. Bin dann dort der einzige Kunde, der in der Verkaufshalle ist. Nur Martin und Martina, das Personal des Großhändlers und ein Außendienstler der Firma Grünbock sind außer mir anwesend.

Der Außendienstler hält 15 bis 20 knallgrüne Meterstäbe in seinen Händen, die als Werbegeschenke für Goldhorn gedacht sind. Ich spreche den Außendienstler gleich auf die Meterstäbe an.»Die schauen ja toll aus«, und tatsächlich bekomme ich vom Außendienstler gleich einen geschenkt. Dafür verspreche ich ihm, dass ich mich bei meinem Chef für den Einbau von Grünbock-Produkten einsetze, was ich dann natürlich doch nicht mache …

Im Büro prahle ich dann mit meinem grünen Meterstab. Die Anwesenden, also Simon, Dodo und Meister Donald, finden natürlich gleich einen Zusammenhang zwischen dem grünen Meterstab und den Grünen und schließlich zu meinem Leben als Vegetarier. Ich muss mir da schon öfter mal den einen oder anderen Spruch anhören. Da lasse ich mich aber nicht unterkriegen. Seit mehr als 8 Jahren lebe ich vegetarisch und das ist gut so. Mir geht nichts ab und ich wollte nicht immer nur über Tierschutz und Massentierhaltung reden, sondern einfach handeln.

9. Februar 2023

Matze hat heute Morgen schlechte Laune. Er hat vom Chef Anweisungen erhalten, die Kellertreppe und den Keller mit dem Besen zu kehren. Matze ist Geselle. Wenn ein Geselle mit Aufgaben eines Auszubildenden im 1. Lehrjahr beauftragt wird, kann man verstehen, wenn er frustriert ist. Bei uns ist es üblich, dann noch ein wenig »Öl ins Feuer zu gießen«.

Mittags frage ich Otto, ob ich Matze für ein paar Stunden ausleihen könne, da mein privater Keller in Kaufering eine Komplettreinigung brauchen könne. Auch Fritz stichelt zusätzlich mit seinem Spruch: »Jeder soll das machen, was er am besten kann.«

Heute war ich dann noch beim Herrn Verlauft in Augsburg, um eine Wartung an seiner Tolvis-Gasheizung und an der Solaranlage durchzuführen. Der Herr Verlauft hat uns bei der Montage seiner neuen Heizung im Jahr 2010 ganz schön gepiesackt. Ich war damals mit meinem Kollegen Freddy (hat vor 3 Jahren gekündigt) mit der Montage der neuen Heizungsanlage beschäftigt. Der Heizungsraum war sehr klein und du musstest schauen, wie du alles unterkriegst. Auf engstem Raum montierten wir den Pufferspeicher, Pumpengruppen, Ausdehnungsgefäße, Rohre und ich meine Regelung und die Kabelkanäle. Herr Verlauft hatte die Angewohnheit, sich am Abend, wenn wir weg waren, alles anzuschauen. Es wurde alles beanstandet, wo er die Rohrisolierung, die seiner Vorstellung entsprach, aus Platzgründen nicht anbringen konnte. Er ließ uns die Anlage etliche Male umbauen, bis alles seinen Vorstellungen entsprach. Wir Monteure, die die Anlage installiert hatten, waren natürlich auf Herrn Verlauft nicht mehr gut zu sprechen. Mit so vielen Stunden, die wir zusätzlich investieren mussten, wird die Anlage für uns eher ein Verlustgeschäft gewesen sein.

Jahre später hatte Herr Verlauft einen Rohrbruch an seiner Solaranlage auf dem Dach. Verursacht von ihm selbst. Da er Leitungswasser anstatt Solarflüssigkeit nachgefüllt hat. Im Winter ist die Leitung dann zugefroren und aufgeplatzt. Wir Monteure von damals hatten doch eine gewisse Schadenfreude … Sonst so gescheit sein und dann selber so rumpfuschen. Ich habe ihn dann heute beim Kundendienst auch wieder gefragt, wie das war mit seinem Rohrbruch an der Solaranlage. Auch heute wieder nur Ausreden, dass er eigentlich keine Schuld gehabt habe. Beim nächsten Kundendienst werde ich ihn wieder fragen, wie das war mit dem Rohrbruch an seiner Solaranlage …

Und jetzt ist für mich schon wieder Wochenende. Die Viertagewoche ist für mich ein unglaublicher Mehrwert.

13. Februar 2023

Endlich wieder mildere Temperaturen am frühen Morgen. Bei 2°Grad entfällt schon mal das Scheibenkratzen am Firmenfahrzeug. Fritz hat sich krankgemeldet, sonst sind alle anwesend.

Heute habe ich etwas weiter entfernte Baustellen auf meiner Agenda. Zuerst muss ich nach Aystetten, wo ein neu eingebauter Brennwert-Pelletkessel ab und zu auf Störung geht. Ich stelle 2 Parameter an der Regelung anders ein, und das sollte es gewesen sein.

Anschließend muss ich nach Thannhausen, wo ich die Elektrofirma Knüller aus Großaitingen in die auszuführenden Elektroarbeiten einweisen muss. Aufwendige Elektroarbeiten lassen wir immer von Elektro Knüller erledigen, da ich sonst mit meinen Kundendienstarbeiten nicht nachkomme. Heute hat deren Chef, der Knüller-Petro, Herbert geschickt. Gott sei Dank! Herbert macht die Elektroarbeiten immer zuverlässig, so wie wir das erwarten. Herberts Frau hilft heute mit auf der Baustelle. Der Personalmangel im Handwerk macht auch vor Elektro Knüller nicht Halt.

Wenn Herbert auf der Baustelle ist, gibt es keine Probleme. Ganz anders als bei seinem Kollegen Waldemar. Waldemar schreit immer so laut auf der Baustelle rum, dass sich auch schon die Kundschaft beschwert hat. Sein Spitzname ist zu Recht »Brüllaffe«.

Grenzwertig ist auch Heikos Kollege Rochus. Er kommt immer mit lackierten Fingernägeln auf die Baustelle. Vornehm ausgedrückt, riecht er auch manchmal sehr komisch. Beide haben auch kein gutes Verhältnis zum Staubsauger. Der wird von beiden beim Bohren oder Brechen ignoriert, was bei der Kundschaft nicht gut ankommt. Meine Kollegen wollen bei Rochus jetzt auch einen stetig wachsenden Busen bemerkt haben. Das will ich – ehrlich gesagt – gar nicht so genau sehen ...

14. Februar 2023

Bei uns im Betrieb sind die Wartungen an Tolvis-Ölheizungen nicht sehr beliebt. Diese Wartungen sind sehr zeitaufwendig und viele Teile am Heizkessel sind sehr schlecht zugänglich. Mein ehemaliger Chef, der im Dezember verstorbene Herr Gießenbacher, sagte mal, dass man für diese Heizkessel »orthopädische Finger« benötige.

Heute Morgen muss ich die Wartung an der Tolvis-Ölheizung bei Herrn Hühner in Lagerlechfeld durchführen. Ich bin dann auch fast 3 Stunden beschäftigt. Aber es klappt alles gut und ich habe das Gefühl, dass Herr Hühner mit meiner Arbeit zufrieden ist, auch wenn er über die hohen Kosten des Wartungsvertrages jammert.

Während der Wartung erhalte ich einen Anruf von Meister Donald aus dem Büro. Herr Pappel aus Aystetten hat nach der gestrigen Pelletlieferung Probleme mit der Pelletansaugung zum Heizkessel. Einer von uns 3 Kundendienstlern muss da heute noch raus. Als ich gegen Mittag im Büro bin, hat Dodo diesen Auftrag schon entgegengenommen.

Als Dodo beim Kunden in Aystetten ist, ruft er mich viermal an und hat Fragen wegen der Störung. Ich helfe natürlich gerne weiter, soweit es über das Telefon möglich ist. Dodo ist ja inzwischen auch schon ein paar Jahre als Kundendienstler unterwegs und macht seine Arbeit inzwischen schon ganz ordentlich.

Als er vor einigen Jahren bei uns mit dem Kundendienst anfing, hatte ich das Gefühl, dass ich seine persönliche Telefonhotline für Störungsbehebungen bin. Da bekam ich ganz viele Anrufe von ihm. Dachte auch schon, dass das nie was wird mit ihm als Kundendienstler, ist aber jetzt doch noch was aus ihm geworden …

15. Februar 2023

Heute habe ich einen Termin in Schwabmünchen bei meiner Arbeitskollegin Traute und ihrem Mann Raimund. Die beiden haben letztes Jahr im Juni von unserer Firma einen Raddotherm »Ossi«-Schichtenspeicher eingebaut bekommen.

Das Problem von damals, das sich bis in dieses Jahr hineinzog, war die momentan nicht lieferbare Speicherisolierung. Letztes Jahr im Juni wurde der Speicher aufgestellt und die Rohrleitungen und Pumpengruppen wurden angeschlossen. Ich kam dann dazu und schloss die Anlage provisorisch elektrisch an.

So weit, so gut, die Anlage lief. Den Sommer über war bei Traute und Raimund keine Sauna erforderlich. Das erledigte die Heizung. Die Solaranlage heizte den Speicher auf 90° Grad hoch und ohne Speicherisolierung ist dann Schwitzen im Keller angesagt.

Im Herbst wurde die Isolierung geliefert. Meine Kollegen scheiterten beim Versuch, die Isolierung am Speicher zu montieren, ohne vorher die Pumpengruppen und die Rohrleitungen zu demontieren. Die neue Isolierung ging kaputt.

Nächster Versuch zur Fertigstellung der Heizungsanlage. Im Februar wurde die neue Isolierung angeliefert. Diesmal wurden vor der Montage der Isolierung die Rohre und die Pumpengruppen zurückgebaut. Die Montage war erfolgreich, aber es war alles unglaublich zeitaufwendig.

Heute war ich an der Anlage in Schwabmünchen und habe das elektrische Provisorium zurückgebaut. Anschließend habe ich die Regelung, Pumpen und die Fühler elektrisch angeschlossen. Traute und Raimund haben mich gut mit Kaffee versorgt.

Von Provisorium zu Provisorium und von Versuch zu Versuch. Wir haben viel Zeit und Geld verschwendet …

16. Februar 2023

Bei Familie Pappel in Aystetten funktioniert die Pelletansaugung vom Sacksilo zum Pelletkessel immer noch nicht. Ich fahre heute zusammen mit Dodo noch mal zur Reparatur raus. Wir wollen auch gleich den Kundendienst mitmachen. Es ist auch noch ein zusätzlicher Motorschutzschalter für den Schneckenmotor einzubauen. Wenn es zeitlich geht.

Simon hat sich heute Morgen krankgemeldet. Somit müssen Dodo und ich uns Simons heute zu erledigende Aufträge aufteilen.

Für die Reparatur bei Familie Pappel benötigen wir noch einen Gummihammer, um eventuell die Motorwelle/Pelletschnecke vorsichtig in Gang zu bringen. Auf der Suche nach einem Gummihammer frag ich auch Otto, ob er einen hat. Im Gespräch mit unserem Otto aus Burching sinkt das Niveau dann wieder ganz schön weit ab, bis ins Schmuddelige. Er habe einen Stahlhammer und nur manchmal ein Gummi darüber, war Ottos wenig hilfreicher Kommentar. Gespräch beendet, wir fahren.

Wir bekommen die Reparatur und den Kundendienst bei den Pappels gut hin. Auch ohne Gummihammer. Die

Pelletturbine hatte zu wenig Saugleistung, das passende Ersatzteil hatten wir dabei und haben die neue Turbine dann gleich eingebaut.

Seit einer Woche haben alle Monteure in der Firma neue Smartphones, damit die Firmenapp »Craftnote« gemeinsam genutzt werden kann. Die erste Meldung im Unternehmenschat kommt vom Chef. Ein Foto mit 20 leckeren Krapfen, die im Aufenthaltsraum im Betrieb für uns bereitstehen. So kann es ruhig weitergehen mit der »Craftnote«-App …

17. Februar 2023

Kommendes Wochenende habe ich Bereitschaftsdienst und somit gehe ich diesen Freitag zum Arbeiten. In der Firma haben sie sich schon daran gewöhnt, dass ich freitags meistens zu Hause bleibe. Sören und Ferdinand fragen mich am Morgen in der Firma auf jeden Fall, was ich denn heute hier mache.

Zum ersten Termin muss ich schon wieder nach Aystetten. War diese Woche schon zweimal wegen Störungsbehebungen in Aystetten. Heute muss ich zu Familie Kudwig zum Kundendienst. Habe dort ihr Puderlos-Ölbrennwertgerät vor 7 Jahren in Betrieb genommen. Auch die Elektroinstallation an der Heizungsanlage habe ich ausgeführt. Seitdem war ich aber nicht mehr an der Anlage. Meistens war Simon zum Kundendienst vor Ort.

Mein Kundendienst fängt entspannt mit einer Tasse Kaffee an. Das Puderlos-Brennwertgerät ist etwas Exotisches, von denen wir auch nicht viele eingebaut haben. Das Gerät ist mit einer Lambda-Sonde ausgestattet, die die Verbrennung und die Modulation regeln soll. Bei den 3 oder 4 Anlagen, die wir eingebaut haben, gab es schon einige Störungen mit sehr hohen Reparaturkosten. Wenn die Reparaturen während der 2-jährigen Garantiezeit anfallen, dann ist es für den Kunden kein Problem. Wenn die Garantiezeit vorüber ist und sich die Reparaturkosten auf mehrere Hundert Euro belaufen, dann ist die Kundschaft auf die Puderlos-Heizung und auch auf unsere Firma nicht mehr gut zu sprechen.

Herr Kudwig erzählt mir, dass er nach 2 Jahren auch schon mehr oder weniger einen Totalschaden an seiner Heizung hatte. Unter anderem war das Steuergerät defekt und einiges andere wurde auch noch getauscht. Puderlos wollte die Kosten zunächst nicht übernehmen, da keine Wartung im Wartungsprotokoll eingetragen war. Einfach lächerlich, dass man sich so vor der Kostenübernahme drücken wollte. Natürlich konnten wir nachweisen, dass die Wartung ordnungsgemäß durchgeführt wurde. Puderlos übernahm dann die Kosten.

Herr Kudwig hat wahrscheinlich das Vertrauen in seine Heizung und zu seiner Heizungsfirma verloren. Er steht heute ganz oft im Heizungsraum und beobachtet meine Arbeit, was ich eigentlich nicht so mag …

20. Februar 2023

In der Firma ist am heutigen Rosenmontag nur eine Faschingsnotbesetzung anwesend. Diese Notbesetzung besteht aus dem Chef und Traute, die beide bis Mittag im Büro bleiben, und dem Notfallkundendienstler – der bin ich. Habe ja eh das Bereitschaftswochenende gehabt und da ich mit Fasching gar nix anfangen kann, ist meine verlängerte Bereitschaft kein Problem.

Am Morgen in der Firma fragt der Chef immer nach, welche Einsätze man an dem Bereitschaftswochenende hatte. Am Samstag musste ich zu Familie Kolik in Bobingen. Bei dem über das Telefon geschilderten Fehlercode 3P-314 war schon klar, dass das Gebläse des Puderlos-Brennwertgerätes defekt ist. Über die Puderlos-Hotline fragte ich nach, ob das Gebläse im Augsburger Puderlos-Lager vorrätig sei. Es sind tatsächlich 3 Gebläse vorrätig, eines reicht mir schon. Da das Lager am Wochenende natürlich nicht besetzt ist, wird man von einem beauftragten Sicherheitsdienst, der sich im Lager auskennt, angerufen. Der Sicherheitsdienst ruft dann zeitnah an und wir vereinbaren eine Zeit, zu der wir beide am Puderlos-Lager sind. Die Übergabe klappt tadellos und schon geht es weiter zu Familie Kolik.

Gleich bei der Begrüßung jammert Herr Kolik, dass die letzte Reparatur im Herbst 600 Euro gekostet habe. Seine Erregung steigert sich, als ich ihm klarmache, dass 600 Euro diesmal nicht reichen werden. Das Gebläse kostet ungefähr 400 Euro, zuzüglich Arbeitszeit, Fahrtzeit, Besorgungszeit, Bereitschaftszuschlag, Sicherheitsdienstzuschlag von 30 Euro ... das alles treibt den Preis hoch.

Zu Beginn unseres Telefonates bei seiner Störungsmeldung habe ich ihm vorgeschlagen, am Montag zur Reparatur zu kommen, wo er sich dann viel Geld hätte sparen könnte. Das hat er aber sofort abgelehnt und somit hält sich mein Mitleid wegen der hohen Kosten dann doch in Grenzen ...

21. Februar 2023

Unsere Faschingsnotbesetzung ist am Faschingsdienstag abermals geschrumpft. Der Chef ist ab heute eine Woche im Urlaub. Im Büro ist nur Ulla anwesend, und ich bin natürlich als Notfallkundendienstler unterwegs.

Am Vormittag bin ich bei Frau Hagner aus Bobingen. Sie hat ein zweijähriges Intervall in ihrem Wartungsvertrag festgelegt. Wir verstehen uns immer ganz gut, gleich zu Beginn des Kundendienstes gibt es Kaffee und Kekse und ein kleines Päckchen mit 10 Euro Trinkgeld und Schokopralinen.

Wir teilen die Leidenschaft für die Berge. Frau Hagner hat auch schon ganz viele Touren und Klettersteige gemacht. Da gibt es immer was zu erzählen. Nach einem Herzinfarkt im letzten Jahr muss sie jetzt aber kürzertreten.

Man kann es dann schon mal etwas ruhiger angehen in ihrem Alter. Ich schätze mal, Frau Hagner ist so ungefähr 75 Jahre alt. Diesmal erzählt sie auch von ihrer Familie.

Als sie von ihrer Tochter erzählt, bin ich ganz schön schockiert. Die Tochter wohnte in Augsburg und Frau Hagner besuchte sie dort regelmäßig. Eines Tages fand Frau Hagner die Wohnung ihrer Tochter verlassen vor. Eine Nachbarin erzählte ihr, dass ihre Tochter ausgezogen sei.

Jetzt ist Frau Hagners Tochter seit über 10 Jahren spurlos verschwunden, ohne jemals ein Lebenszeichen von sich gesendet zu haben. Dass diese Ungewissheit, was mit ihrer Tochter passiert ist, nur schwer zu ertragen ist, kann wohl jeder nachvollziehen. Ich verspreche Frau Hagner, die selber kein Internet hat, dass ich mal im Internet schaue, ob ich was über ihre Tochter herausfinden kann. Der Tätigkeitsbereich eines Notfallkundendienstlers ist doch ganz schön vielfältig …

22. Februar 2023

Am heutigen Aschermittwoch geht es für die meisten von uns wieder los mit dem Arbeiten. Die komplette Chefetage und Dodo sind noch die ganze Woche im Urlaub. Simon ist immer noch krank. Apropos Dodo … Dodo übertreibt es manchmal bei Reparaturen oder bei Wartungen mit dem Auswechseln von Ersatzteilen.

Heute Nachmittag war ich bei Familie Lobinger in Bobingen. Herr Lobinger hat mir mitgeteilt, dass erst vor Kurzem jemand von unserer Firma wegen eines Angebotes für eine Wärmepumpenheizung bei ihm war. Seine Gasheizung ist inzwischen auch schon 22 Jahre alt. Ich vermute, dass Meister Donald wegen des Angebotes bei ihm war.

Herr Lobinger hat mich gebeten, nur noch Teile auszuwechseln, wenn es unbedingt notwendig ist. Er spielt dann auch auf den Kundendienst an, der vor 2 Jahren von Dodo durchgeführt wurde. Bei dem Kundendienst vor 2 Jahren kamen zur Wartungspauschale von 161 Euro noch Ersatzteile für 228 Euro dazu. Es war keine Störung, sondern ein ganz normaler Wartungseinsatz. Ich wechsle beim Kundendienst immer nur Teile aus, die kaputt sind oder Teile, die sehr verschlissen sind. Ich mache das so, wie ich es mir von Firmen wünsche, die bei mir irgendwelche Arbeiten ausführen. Wenn zum Beispiel mein Auto beim Kundendienst in der Werkstatt ist.

Bei Herrn Lobinger ist es mir wieder einmal sehr gut gegangen, guter Kaffee und Schokopralinen haben dazu beigetragen.

Im Büro bekomme ich von Meister Donald gleich eine Vorwarnung für morgen. Da muss ich zu Herrn Lallinger nach Bobingen. Soll eine sehr schwierige Person sein, die alles beanstandet und wegen dieser Reklamationen immer die Rechnungen kürzen will. Mehrere Elektroarbeiten sind auszuführen. Herr Lallinger und ich – da könnte eine explosive Stimmung aufkommen. Ich bin mal gespannt, wie das morgen ausgeht …

23. Februar 2023

Simon ist heute wieder gesund. Das ist für mich insofern sehr positiv, da dadurch mein freier Freitag gesichert ist. Einer von uns 3 Kundendienstlern muss halt einfach anwesend sein. Da Dodo im Urlaub ist und Simon krank war, hätte ich fast meinen freien Freitag streichen können.

So ging es heute zu Herrn Lallinger aus Bobingen, von dem ich ja schon so viel Negatives gehört hatte und mit dem Schlimmsten rechnete. Es war dann aber gar nix Schlimmes bei Herrn Lallinger. Mein Auftrag war, den Elektroanschluss der Fußboden-Stellantriebe vorschriftsgemäß herzustellen. Der Elektroanschluss der Stellantriebe war aber schon verpfuscht, bevor unsere Monteure das erste Mal an der Anlage waren. Eine Elektro-Abzweigdose war mit Kabeln und Klemmen vollgestopft. Ein Blick in das Innenleben der Dose hat gereicht, um den Entschluss zu fassen, keine weiteren Arbeiten in der Dose vorzunehmen.

Meine Kollegen hatten die neu montierten Stellantriebe in dem Kabelkanal, der zur Abzweigdose führt, angeklemmt. Weil erstens die Elektroanschlusskabel der Stellantriebe zu kurz waren und nicht bis zur Abzweigdose reichten. Und zweitens wegen der vollgestopften Abzweigdose, wo du keine Klemmen mehr unterbringen konntest.

Ich kann da meinen Kollegen nix vorwerfen, ich hätte es auch so angeklemmt. Laut Vorschrift ist es aber so, dass wenn sich 230 Volt-Klemmen im Kabelkanal befinden, der Kabelkanaldeckel gesichert sein muss. Das heißt, der Kabelkanaldeckel darf nicht einfach von Hand entfernt werden können. Er muss verschraubt oder anders gesichert sein, so dass ich dann zum Entfernen entsprechendes Werkzeug benötige. Die einfachste Möglichkeit bei Herrn Lallinger wäre, den Kanaldeckel mit einem Blechwinkel zu verschrauben, so dass er nur mithilfe eines Schraubendrehers zu demontieren wäre.

Einfach Wahnsinn, dass bei uns deutschen Paragrafenreitern jedes kleinste Detail gesetzlich geregelt ist. Dass dann auch wirklich jeder ganz schnell vor Gericht ziehen und gegen irgendwas klagen kann …

27. Februar 2023

Zum Wochenbeginn ist heute die Inbetriebnahme der Wärmepumpe bei Familie Mögele in Thannhausen angesetzt. Ich habe in der Früh noch einen Wartungstermin an einem Ölkessel bei Familie Kleiner in Bergheim.

Danach mache ich mich auf den Weg nach Thannhausen. Meine beiden Kollegen, Theo und Fritz, sind bei meiner Ankunft schon vor Ort auf der Baustelle. Es werden heute noch einige Personen zur Inbetriebnahme dazukommen. Puhhh ... ich habe jetzt schon Platzangst. Der Heizungsraum ist nicht groß, ich schätze mal so 15 m². Der Raddotherm-Pufferspeicher und die Leider-Wärmepumpe beanspruchen schon mal 1/3 des Heizungsraumes. Außerdem sind noch Werkzeug und Material am Boden verteilt.

Nachdem ich mich auf der Baustelle umgeschaut habe, treffen schon Herbert und seine Helferin (Ehefrau) von der Elektrofirma ein. Jetzt sind wir schon mal zu fünft im Heizungsraum, langsam wird es eng ...

Mit der weitesten Anreise und einer Autopanne auf dem Weg nach Deutschland kommen danach die zwei Mitarbeiter der Firma Leider-Wärmepumpen aus Österreich dazu. Einer der beiden ist etwas wampert (übergewichtig), ich denk mal, der wiegt so viel wie wir drei Heizungsmonteure zusammen. Jetzt wird es also richtig eng im Heizungsraum. Kurz danach kommt unser Chef dazu, der sich seinen Platz erst noch suchen und erkämpfen muss. Unser Chef ist die achte Person im Heizungsraum.

Jetzt kann im Heizungsraum keiner mehr umfallen, dazu reicht der Platz nicht aus. Als dann zu guter Letzt auch noch der Hausbesitzer Herr Mögele im Heizungsraum auftaucht, wird es mir zu viel. Ich entscheide mich für eine vorgezogene Mittagspause. Je später der Nachmittag, umso mehr lichten sich die Reihen und Plätze im Heizungsraum. Wer nicht mehr unbedingt dabei sein muss, der schaut, dass er wegkommt …

Bei der Inbetriebnahme der Wärmepumpe gibt es Schwierigkeiten. Es kommt zu wenig Wasser vom Grundwasser her, die Anlage muss noch mal auf größere Rohrdimensionen umgebaut werden … Ich befürchte, wir alle kommen noch mal zusammen …

28. Februar 2023

Der erste Termin heute ist bei Frau Weihrauch in Graben. Sie hat in ihrem Mietshaus eine Tolvis-Ölheizung, die von unserer Firma 2012 eingebaut wurde. Frau Weihrauch und ich wurden 2017 vom Amtsgericht München vorgeladen. Ich hatte nichts verbrochen, es war nur eine Zeugenaussage, wegen der ich dort war.

Aber jetzt noch mal den ganzen Ablauf von Anfang an: Nach dem Einbau der Tolvis-Ölheizung im Jahr 2012 lief die Heizung 2 Jahre lang, bevor sie mit Störungen ausgefallen ist. Ich war dann vor Ort, überprüfte die Anlage und stellte fest, dass der Luftdruck in der Brennkammer zu hoch war. Da die Brennkammer in den Rauchgaszügen gebogen ist, kann man die Brennkammer nicht mechanisch mit Rußbürsten reinigen. Eine Brennkammerspülung mit Wasser ist nur bei Rußablagerungen erfolgreich. Bei Frau Weihrauch war die Spülung nicht erfolgreich und somit deutete alles auf eine Verschmutzung mit Schwefel hin. Die Brennkammer musste also erneuert werden. Die Kosten sind sehr hoch, ich schätze mal, dass die ganze Reparatur so um die 2.000 Euro kosten wird. Doch wer soll diese Kosten übernehmen?

Tolvis übernimmt sie nicht, da sie schwefelfreies Heizöl für ihre Heizungen verlangen. Unsere Firma übernimmt die Kosten auch nicht, da vor Inbetriebnahme die Öltanks gereinigt wurden. Und wir anschließend nicht mehr zuständig sind für die Bestellung und Lieferung des Heizöls. Also bleibt nur noch der Heizöllieferant, der anscheinend kein schwefelfreies Heizöl geliefert hat.

Zur Sicherheit haben wir noch eine Heizölprobe ins Labor gebracht, um den tatsächlichen Schwefelgehalt zu dokumentieren und zu beweisen. Das Ergebnis des Labors war eindeutig: Es war viel zu viel Schwefel im Heizöl. Der Heizöllieferant hat jedoch alles abgestritten. Er wollte sein Heizöl nicht mehr zurücknehmen und sich auch in keiner Weise an den Reparaturkosten beteiligen. Der Streit zog sich über Jahre hin, bis es letztendlich 2017 im Amtsgericht in München zur Verhandlung gekommen ist.

Auch im Gericht kam es zu keiner Einigung und zu keinem Vergleich. Ich denke, der Heizöllieferant Voltana wollte keinen Präzedenzfall schaffen und machte keinerlei Zugeständnisse. Meine Zeugenaussage war natürlich so, dass sie nur Frau Weihrauch nutzen konnte.

Das Gericht gab Frau Weihrauch recht. Somit hatte der Heizöllieferant Voltana den Prozess verloren. Der Voltana-Energiehandel hat natürlich Geld und Anwälte und ging in Revision vor das Oberlandesgericht. Frau Weihrauch wurde das dann irgendwann alles zu viel und sie verzichtete auf das Geld, das ihr zustand.

Beim Kampf des kleinen Bürgers gegen einen großen Konzern siegt nicht immer die Gerechtigkeit. Der Konzern sollte sich schämen, dass er so etwas nötig hat und ausnutzt!

1. März 2023

Am ersten Tag des neuen Monats steht schon wieder eine große Herausforderung an. In der St.-Josefs-Apotheke in Augsburg muss für die Heizkörperregulierung eine Funkraumregelung installiert werden. Die Regelung wird über den Laptop in Betrieb genommen und eingestellt. Mir war schon vorher klar, dass das wieder ein richtiger »Scheißtag« wird. Aus diesem Grund habe ich auch Simon mitgenommen, damit wir uns den ganzen Ärger teilen können.

Es fängt schon damit an, dass bei uns Papier gespart werden muss. Die Montageanleitung hätten sie sich sparen können, weil du dich beim Anschauen der minderwertigen Anleitung noch mehr ärgerst, als wenn gar keine Anleitung dabei wäre. Unsere Nachforschungen im Internet über die Smartphones sorgen dafür, dass wir ein Montagevideo der »Heet-App« mit einer Länge von knapp 2 Minuten anschauen können.

Wir sind keine IT-Spezialisten und auch keine Internet-Freaks!! Darum haben wir dann beim Einrichten der App auch unsere Probleme. Ich sorge dann noch unfreiwillig für Chaos in der Apotheke, indem ich ein Kabel in die falsche Buchse einstecke und dadurch Internet und Telefon in der Apotheke außer Betrieb setze. Es dauert gefühlte 15 Sekunden, bis uns die erste Apothekerin darauf aufmerksam macht, dass Telefon und Internet tot sind.

Viel Aufwand mit der »Heet-App« und momentan kein Ertrag. Uns fehlt noch ein passender Verbindungsstecker von der »Heet-App«-Regelung zum Laptop. Wir brechen ab ...

Kein guter Tag, aber Ferdinand hatte einen noch schlechteren Tag. Hat in der Einfahrt bei der Kundschaft sein Auto geschrottet ... Da ist dann natürlich in der Chefetage die Stimmung im Keller.

2. März 2023

Nach dem gestrigen Desaster in der St.-Josefs-Apotheke habe ich mir eine Bestellliste zusammengestellt. Auf der Liste stehen unter anderem ein Kabeladapter, ein WLAN-Stick und – ganz wichtig – eine Hotline-Nummer.

Der Chef kann sich ein Lachen nicht verkneifen, als er auf dem Bestellzettel die Hotline-Nummer sieht. In den spärlichen Unterlagen der »Heet-App«-Funkraumregelung steht nirgendwo eine Telefonnummer, wo du Informationen erhalten kannst, wenn du noch was benötigst oder wenn was nicht funktioniert. Ich glaube auch nicht, dass die Telefonnummer vergessen wurde. Die Telefonnummer geben die ganz bewusst nicht raus, die wollen nicht mit Rückfragen belästigt werden. Rückfragen kosten Zeit, Geld und zusätzliches Personal. Die wollen einfach nur möglichst viel verkaufen.

Man muss sich natürlich auch selber eingestehen, dass sich das Betätigungsfeld eines Kundendienstmonteurs in den letzten 35 Jahren stark verändert hat. Als ich 1987 mit dem Beruf des Kundendienstmonteurs angefangen habe, war die ganze Technik noch relativ einfach. Da hast du noch keine Hotline gebraucht. Im Laufe der Jahre ist es dann immer mehr geworden mit den ganzen Hotlines. Die Anforderungen und das Betätigungsfeld wurden immer größer. Von immer mehr Elektronik und digitalen Regelungen bis hin zur Computertechnik.

Inzwischen sind die Hotlines alle überlastet und du kannst sehr viel Zeit in der Warteschleife verbringen. Es macht beim Kunden keinen guten Eindruck, wenn du eine halbe Stunde und länger in der Warteschleife hängst. Der Kunde muss die Arbeitszeit ja bezahlen und hat dann oft das Gefühl, dass der Monteur keine Ahnung hat.

Oft ist es jüngere Kundschaft, die beste Technik fordert und alles nur noch über das Smartphone steuern will. Das sind die Kandidaten, die dann gleich wieder Rechnungen kürzen wollen.

6. März 2023

Nachdem ich heute Morgen meine Aufträge und Wartungen in meiner Arbeitsmappe einsortiert habe, mache ich mich auf den Weg.

Unser Büro befindet sich im 1. Stock des Firmengebäudes. Auf dem Weg nach unten zum Fahrzeug kommt mir auf der Hälfte der Treppe Otto entgegen. Otto macht sich eigentlich nur auf den für ihn beschwerlichen Weg nach oben ins Büro, wenn es unbedingt sein muss oder wenn es etwas umsonst zu essen gibt. Otto ist nicht der Fitteste, ein bis zwei Stockwerke über Treppen zu erreichen, ist für ihn eine sportliche Höchstleistung. Er ist dann ganz froh, dass er wegen des Small Talks mit mir auf der Hälfte des Treppenaufgangs durchschnaufen kann. Ein Treppenlift im Betriebsgebäude wäre zweifellos eine große Freude und Erleichterung für unseren Otto.

Ich bekomme noch eine Störungsmeldung vom Forstamt in Augsburg. Warmwasser geht, aber die Heizkörper sind kalt. Im Forstamt steht noch ein uralter atmosphärischer Gaskessel, an dem auch keine regelmäßigen Kundendienste durchgeführt werden.

Wenn dann aber etwas nicht funktioniert, soll am besten immer sofort jemand kommen. Ich fahre dann doch noch hin und stelle einen Defekt an der Puderlos-Heizungsregelung fest. Bei der Puderlos-Niederlassung in Augsburg frage ich wegen der Ersatzplatine für die Regelung nach. Offiziell gibt es diese Platine nicht mehr zu bestellen. Aber bei Puderlos sind wir A-Kunde und können eine der letzten in Augsburg hinterlegten Platinen bekommen. Mit der Puderlos-Niederlassung in Augsburg sind wir sehr zufrieden. Da sitzen wirklich gute Leute im Büro, die sich um deine Anliegen kümmern.

Vom Chef bekomme ich heute noch den Auftrag, den defekten Parkplatzstrahler zu erneuern. Das werde ich selbstverständlich bei gutem Wetter erledigen; bei dem Schmuddelwetter mit Regen und Wind muss ich diese Arbeit aber erst mal verschieben.

7. März 2023

Mein erster Termin ist heute bei Frau Trampel in Bobingen. Dodo war schon am vergangenen Freitag an der Anlage. Mit der Tolvis-Ölheizung war er scheinbar etwas überfordert und konnte die Störung nicht beheben. Frau Trampel ist ganz froh, dass sie nach 5 Tagen nun wieder Warmwasser hat. Die Anlage lief die letzten 4 Jahre ohne Störung und ohne Wartung. Aber heute war dann natürlich eine komplette Wartung mit Störungsbehebung erforderlich. Die Ursache der Störung war eine defekte Magnetventilspule. Ich war fast 3 Stunden beschäftigt, wurde aber gut mit Kaffee versorgt.

Danach ging es zu einer Störung in einer Wohnanlage in der Schülestraße in Augsburg. Die Hausverwaltung Rehmacher hatte uns beauftragt. Bei der Anlage angekommen, konnte ich relativ schnell die Ursache für den Heizungsausfall feststellen. Der Heizöltank ist leer! Ich gebe natürlich sofort der Hausverwaltung Rehmacher Bescheid. Frau Rehmacher macht nach der Nachricht einen verärgerten, überraschten, schockierten Eindruck.

Unser Telefongespräch:

Ich: »Der Tank ist leer.«
Fr. Rehmacher: »Nein.«
Ich: »Doch.«
Fr. Rehmacher: »Nein.«
Ich. »Doch.«

Dann akzeptiert sie es und es folgt ein nicht druckreifes Schimpfwort in Richtung des Hausmeisters, der allem Anschein nach für das Melden einer notwendigen Heizölbestellung zuständig ist. Frau Rehmacher ist eine ganz nette und engagierte Person und ich komme gut mit ihr zurecht.

Im Büro habe ich heute noch eine kurze Besprechung mit Chef und Chefin. Es geht um meine 35-Stunden-Woche, die ab dem 1. April offiziell losgeht. Bisher sorgten meine Überstunden für den freien Freitag. Wir gehen zusammen die Einzelheiten wie Arbeitszeiten oder Urlaubsanspruch durch. Wir sind uns schnell einig und mit der Vereinbarung können beide Seiten gut leben. Aus meiner Sicht habe ich ein gutes Verhältnis zur Chefetage, und ich denke, sie sind mit mir im Großen und Ganzen auch zufrieden.

8. März 2023

Matze kommt heute Morgen ins Büro hoch, um sich zu erkundigen, auf welche Baustelle er heute muss. Nachdem er weiß, wo er heute hinmuss, möchte er von mir noch wissen, ob die Heizung bei seiner Tante wieder funktioniert. Es geht um Frau Trampel, bei der ich gestern wegen einer Heizungsstörung und der ausstehenden Wartung war. Ich berichte ihm, dass die Heizung wieder funktioniert und dass die Störungsursache ein defektes Magnetventil am Tolvis-Ölbrenner war.

Außerdem hat mir seine Tante Luise erzählt, dass Matze ein ganz braver und guter Mensch ist. Jetzt ist der Zeitpunkt gekommen, an dem ich Matze etwas piesacken muss, wegen seines Lebens als »Teilzeit-Hooligan« bei den FCA-Ultras. Ich erzähle ihm: »Ich habe deine Tante Luise im Glauben gelassen, dass du ein ganz Braver bist, ich habe ihr nichts von deinem Doppelleben als FCA-Hooligan erzählt.« Matze schmunzelt und lacht. Ich lege noch etwas nach und frage ihn, wie es mit »Schweigegeld« für mich aussieht. Jetzt gesellt sich auch Momo zu unserem Gespräch. Momo ist der andere FCA-Hooligan in unserem Betrieb. »Wenn ich Matze in seiner Freizeit treffe, ist der grundsätzlich mit 2 Bier in der Hand unterwegs«, ist Momos Beitrag zum Thema Matze.

Ich spreche Matze und Momo seit einer FCA-Auswärtsfahrt zum VfB Stuttgart spaßeshalber immer mit Hooligan an. Damals waren die beiden mit einem Mob von FCA-Ultras mit dem Zug nach Stuttgart unterwegs. Ich bin da eher zufällig mit reingerutscht und habe sehr schnell festgestellt, dass das mit den Ultras nicht meine Welt ist. Vom Bahnhof in Stuttgart bis zum Stadion wurden wir 300 FCA-Fans von circa 100 Polizisten geschützt oder bewacht. Das kann man jetzt so oder so sehen.

»Wir wollen keine Bullenschweine« war der meistgehörte Satz der Ultras. Die schreien diese Sätze raus, während wir von den Polizisten zum Stadion begleitet werden. Die Polizisten machen doch nur ihre Arbeit, die hätten an diesem Samstag wahrscheinlich auch Besseres zu tun, als betrunkene Fußballfans zu begleiten. Es war das erste Mal, dass ich mich so richtig »fremdgeschämt« habe.

9. März 2023

Heute sind die Arbeiten an den Heizöltanks von Herrn Häufele auszuführen. Die bei Werit bestellten Entnahmeleitungen sind zu erneuern. Herr Häufele ist ja der Vater unseres zukünftigen Lehrlings Magnus, der im September seine Lehre in unserem Betrieb beginnt.

Herr Häufele ist sehr redselig und freut sich, dass er bei mir zuschauen und vielleicht sogar etwas mithelfen kann. Ich komme gut mit ihm zurecht. Er möchte mir etwas zu trinken bringen; eine Tasse Kaffee würde mir schon guttun.

Auf dem Weg in den Tankraum komm ich am Kellerabgang an einem nicht abgedeckten und nicht mehr sehr appetitlich aussehenden Kuchen vorbei. Sofort sage ich

Herrn Häufele, dass mir ein Kaffee reicht. Ich gebe ihm zu verstehen, dass ich gerade etwas abnehmen muss und mir somit keinen Kuchen erlauben kann.

Nach beendeter Arbeit an den Heizöltanks soll ich wegen des Kaffeetrinkens in die Küche hochkommen. In der Küche angekommen, sehe ich so eine einsame Tasse, die halb voll mit Kaffee und Kaffeesatz gefüllt ist. Herr Häufele bietet mir an, dass ich den Kaffee mit dem Kaffeesatz in der Mikrowelle erwärmen kann. Warum auch immer, mir ist kurzfristig die Lust auf Kaffee vergangen. Ich schreibe meinen Arbeitsbericht und verabschiede mich. Herr Häufele gibt mir noch 10 Euro Trinkgeld mit auf den Weg. Ich finde Herrn Häufele wirklich ganz nett.

Am Nachmittag steht noch eine Inbetriebnahme an einem Pelletkessel an. Dodo hat dort die Elektroarbeiten durchgeführt, ist aber seit heute krank. Somit muss ich seine Inbetriebnahmearbeiten übernehmen. Soweit klappt alles ganz gut. Um 14.30 Uhr sollen die Pellets angeliefert werden. Ich sag noch zu Ferdinand, dem Capo auf der Baustelle, dass der Fahrer der Pelletlieferung sicher wieder jammert, weil er einen weiten Weg mit seinen Füllschläuchen zum Pelletlager hat.

Die Pelletlieferung kommt pünktlich. Und was ist das Erste, was der Fahrer der Pelletlieferung macht? Er jammert.

13. März 2023

Jeder Wochenanfang nach einem entspannten Wochenende fällt schwer. Es fällt dann aber viel leichter, wenn man Termine bei Kundschaften hat, mit denen man gut zurechtkommt.

Ferdinand hat sich heute krankgemeldet und Dodo ist ja schon seit Donnerstag krankgeschrieben. Dodo ruft später im Büro an und gibt Bescheid, dass er die ganze Woche zu Hause bleibt. Er berichtet, dass er kurz vor einer Lungenentzündung stehe und vom Arzt Morphium erhalte. Ich dachte immer, Morphium erhalten unheilbare Krebspatienten im Endstadium … vielleicht verwechselt Dodo da was oder er übertreibt mal wieder.

Apropos krank: Otto sieht heute Morgen auch wieder richtig schlecht aus. Ich spreche ihn darauf an und frage ihn, ob die Bierzeltsaison schon wieder angefangen hat. Otto ist Feuerwehrmann, und wenn es heimatnah ein Bierzelt gibt, ist Otto mit dabei.

Mein erster Termin ist heute bei Familie Sandemir in Schwabmünchen. Dort haben wir vor 3 Jahren eine Pelletheizung eingebaut. Herr Sandemir ist der sympathischste türkische Mitbürger, den ich kenne. Es gibt eine nette Unterhaltung und einen guten Kaffee.

Später habe ich noch bei Herrn Sänger in Bobingen einen Kundendienst an einem Gaskessel durchzuführen. Der

Gaskessel ist 32 Jahre alt und die Abgaswerte passen noch ganz gut. Allerdings stelle ich eine Undichtigkeit an der Gasarmatur fest. Eine neue Gasarmatur von dieser Bauart ist aber nicht mehr lieferbar. Ich mache den Kunden darauf aufmerksam und schreibe auch in meinen Arbeitsbericht, dass sich die Anlage im gefährlichen Betrieb befindet. Es strömt unverbrauchtes Gas über den Kamin ab und es könnte auch mal zu einer Verpuffung kommen.

Im Büro diskutieren Simon, Meister Donald und ich, ob ich die Anlage außer Betrieb hätte nehmen müssen. Wir kommen schließlich zu der Meinung, dass ich die Anlage hätte stilllegen müssen. Heute Nacht werde ich sicherlich schlecht schlafen …

14. März 2023

Simon hat heute einen Tag Urlaub und Dodo liegt ja sterbenskrank im Bett und betäubt sich mit Morphium. Das heißt für mich, dass ich heute im Kundendienstbereich Einzelkämpfer bin. Genauso wie bei mir zu Hause. Meine Frau Cornelia ist zu ihrer Tochter nach Lichtenwald in der Nähe von Esslingen gefahren. Ihre Tochter Jenni ist ungefähr im 6. Monat schwanger und ihr geht es gerade nicht so gut. Cornelia wird ihre Tochter unterstützen, so gut sie kann und solange es nötig ist.

Gott sei Dank ist heute nur eine Störung zu beheben und sonst sind nur Wartungen durchzuführen. Die eine

Störung habe ich auch noch selbst verursacht. Ich war gestern bei Herrn Apotka in Königsbrunn und habe die Wartung durchgeführt. Zur Abgasmessung habe ich den Kaminkehrerschalter betätigt. Allem Anschein nach habe ich vergessen, den Kaminkehrerschalter wieder auszuschalten. Heute Morgen ruft Herr Apotka im Büro an und berichtet, dass das Warmwasser und die Heizung viel zu heiß seien. Ich habe die peinliche Aufgabe, heute Vormittag vorbeizufahren und den Kaminkehrerbetrieb wieder zu beenden. Na ja, Fehler passieren halt … Ich entschuldige mich bei Herrn Apotka für meinen Fehler und weiter geht es.

Später bin ich dann bei Herrn Lallinger, wo ich ja schon am 23. Februar war. Heute werde ich meinen selbst geschmiedeten Sicherungswinkel, hergestellt aus einem 5 Millimeter starken Eisen, auf den vorhandenen Kabelkanal montieren. Die 230 V-Klemmen im Kabelkanal sind nun vorschriftsgemäß gesichert. Die Person, die tatsächlich das Leben satthat und aus Suizidgründen an offene Stromkabel rankommen will, macht sich wohl eher im Sicherungsschrank auf die Suche nach einer nicht gesicherten Stromleitung, bevor sie sich an meinem geschmiedeten Eisen zu schaffen macht.

15. März 2023

Als ich heute Morgen einen Wartungsauftrag von einem Herr Renz aus Bobingen in der Hand habe, dachte ich mir schon, dass ich Herrn Renz aus meiner Lehrzeit kenne. Angekommen bei Familie Renz, stelle ich aber schnell fest, dass der Herr Renz, den ich kannte, nicht der Herr Renz ist, der vor mir steht. Ich frage ihn natürlich, ob er mit dem Schlossermeister in der ehemaligen Lehrwerkstatt der Firma Hoch verwandt ist. Er erzählt mir, dass der Schlossermeister Renz sein Vater war und dieser vor 4 Jahren verstorben ist. Er wurde 78 Jahre alt, was in der heutigen Zeit nicht wirklich alt ist.

Herr Renz war während meiner Lehrzeit als Elektriker bei der Hoch in Bobingen Lehrmeister bei den Schlossern. Wir Elektro-Azubis hatten zu Beginn der Lehre eine dreimonatige Grundausbildung bei den Schlossern. Den ganzen Tag bohren, sägen und vor allem feilen. Was man damals als große Tortur empfand, sieht man Jahre später natürlich ganz anders. Die Schlossergrundausbildung hat auf keinen Fall geschadet. In der Lehrwerkstatt gab es 3 Schlossermeister. Den Renz, den Neuberger und den Pisswitz, den eigentlich keiner wollte. Herr Pisswitz ist auch Kunde bei unserer Firma. Ich trage ihm nicht nach, was vor 40 Jahren passiert ist. Herr Pisswitz wird behandelt wie alle anderen.

Ich fahre dann noch beim Witzeerzähler Lopp in Bobingen vorbei. Herr Lopp war telefonisch nicht zu erreichen, um einen Wartungstermin zu vereinbaren. Simon meinte sogar, er habe eine Todesanzeige in der Zeitung gesehen. Herr Lopp ist weit über 80 Jahre alt. Putzmunter öffnet Herr Lopp die Haustür und hat gleich den ersten Witz auf Lager. »Seit wann sind Sie in der SPD?«, fragt er mich. Ich checke sofort, dass er auf meine rote Arbeitshose anspielt. Wir machen für kommenden Montag einen Termin für die Wartung aus. Ich freue mich auf den Witzenachmittag mit dem Herrn Lopp.

16. März 2023

Am Vormittag habe ich einen Kundendiensttermin bei Frau Schreiber in Königsbrunn. Sie ist schon lange im Kundenstamm unserer Firma und meistens führe ich die Wartung an ihrer Gasheizung aus. Frau Schreiber weiß, dass ich Angst vor Hunden habe und gibt mir mit ihrem sicheren Umgang und dem Befehlston ihrem Hund gegenüber, die Sicherheit, gesund wieder heimzukommen. Noch sicherer fühle ich mich, als Frau Schreiber mir erzählt, dass ihr Hund kaum noch laufen und auch das Hundefutter fast nicht mehr beißen kann.

Der Kundendienst macht keine Probleme, obwohl die Heizung schon 25 Jahre alt ist. Frau Schreiber und ich kennen uns schon länger und wir kommen gut miteinander zurecht. Ich bekomme dann noch einen kleinen separaten Sonderauftrag. Ich soll ihr den Waschmaschinen-Ablaufschlauch fest im Ausgussbecken montieren. Das hat zwar nichts mit dem Kundendienst zu tun, wird aber prompt von mir erledigt und Frau Schreiber freut sich sehr über meine zusätzlich erledigten Arbeiten.

Mein erster Nachmittagstermin wäre bei Familie Ferke in Königsbrunn gewesen. Ich werde versetzt, keiner zu Hause. Das passiert nicht oft, aber wenn es passiert, ist es schwierig, auf die Schnelle einen Ersatzauftrag zu organisieren. Ich fahre dann erst mal zur Firma, um mein Fahrzeug in Ordnung zu bringen und um fehlendes Material nachzuladen.

Oben im Büro treffe ich auf unsere Sekretärin Ulla, Simon und Meister Donald. Wir sprechen unter anderem wegen der Wärmepumpenproblematik. Theo ist gerade jeden Tag an der Wärmepumpe bei Familie Mögele in Thannhausen, die wir erst vor Kurzem installiert haben. Die Wärmepumpe geht ständig auf Störung. Ein Problem für uns alle ist, dass wir für Wärmepumpen zu wenig geschult sind. Das geht aber den meisten anderen Heizungsfirmen ganz genauso.

Mein Problem könnte an diesem Wochenende sein, dass ich Bereitschaft habe. Ich sehe mich schon jeden Tag nach Thannhausen fahren …

17. März 2023

An diesem Freitag muss ich wegen meines anstehenden Bereitschaftswochenendes und der heutigen Betriebsversammlung in die Firma.

Der erste Termin heute Morgen ist bei Familie Torbitzer in Bobingen. Bei Familie Torbitzer war ich zur Wartung an der Heizung auch schon mit meiner vorherigen Firma, der Firma Gießenbacher, tätig. Damals war noch Herr Torbitzer senior für die Mörting-Gasheizung zuständig. Im Jahr 2012 ließ dann Herr Torbitzer junior, der inzwischen für die Heizung zuständig ist, eine Tolvis-Gasheizung einbauen. Die Heizung läuft problemlos, was bei Tolvis-Heizungen keine Selbstverständlichkeit ist. Sorgen machen uns vor allem die Tolvis-Ölheizungen.

Unsere Betriebsversammlung ist heute für 11.30 Uhr terminiert. Es stehen die Themen Gassicherheit (wie so oft), vorschriftsmäßige Sicherung auf dem Dach und die Handhabung der »Craftnote«-Firmenapp an. Das Thema Gassicherheit moderiert unser Meister Donald. Unter anderem spricht er, wie jedes Mal, über den Vorgang, Gasleitungen und Gasarmaturen mit der Druckprüfung zu testen. Er moderiert das Thema etwas lustlos, kein Wunder, da er diesen Vortrag über die Gassicherheit schon öfter halten musste. Anschließend ist der Chef mit dem Thema Arbeitssicherheit und richtige Sicherung auf dem Dach dran. Er führt ein neues Sicherungssystem mit Drahtschlingen vor, das für die Sicherung von 3 Personen zugelassen ist. Das heißt, es dürfen sich 3 Personen, die auf dem Dach arbeiten, mit Karabinern an der Drahtschlinge einhängen. Voraussetzung ist aber immer, dass die Drahtschlinge fest an einem Dachsparren verschraubt wird. Ich frage den Chef dann nach der Arbeitssicherheit der Person, die ohne Sicherung auf das Dach muss, um die

Drahtschlinge zu montieren. Der Chef spricht von einer Grauzone, die nicht genau definiert werden kann.

Zum Schluss tauschen wir erste Erfahrungen mit der »Craftnote«-Firmenapp aus. Simon beschwert sich spaßeshalber über Otto, der auf den Fotos so viel rumkritzelt (Zeichenfunktion der App). Wir beschließen, Otto zum Üben Malblock und Buntstifte zu besorgen …

18. März 2023

»Ich habe mir auf Google Maps schon die beste Route nach Thannhausen angesehen.«

Gestern in der Betriebsversammlung habe ich noch einen Spaß über die Wärmepumpenbaustelle Mögele in Thannhausen gemacht; dort, wo Theo jeden Tag und unser Chef auch teilweise mit der Störungsbehebung an der neuen Wärmepumpe beschäftigt waren. Auch der Werkskundendienst von Leider-Wärmepumpen aus Österreich war am Montag noch an der Anlage.

Heute, am Samstag, tritt das ein, was ich befürchtet habe. Um 8.30 Uhr bemerke ich, dass ich eine Nachricht in der Mailbox des Bereitschaftshandys habe. Beim Abhören der Mailbox wird mir klar, dass ich meinen Samstagvormittag in Thannhausen verbringen werde.

Die Chefin des Friseursalons im Erdgeschoss des Bauobjekts Mögele ist stinksauer. »Eure Scheißheizung funktioniert schon wieder nicht. Ich muss das Wasser zum Haarewaschen mit dem Wasserkocher warm machen. Auch die Heizkörper sind kalt. Es muss sofort jemand kommen.«
Ich kann sie verstehen und rufe zurück, um Bescheid zu geben, dass ich komme. In Thannhausen angekommen, schleiche ich mich am Friseursalon vorbei, um gleich mal der ersten Konfliktsituation aus dem Weg zu gehen. Der Heizungsraum ist offen. An der Wärmepumpe wird die Störung »Hochdruck« angezeigt. Ich resette die Störung, die Wärmepumpe läuft wieder.

Nebenbei suche ich mir die Hotline-Nummer von Leider-Wärmepumpen aus den Montageanleitungen heraus. Ich rufe sofort dort an, bekomme aber nur die Bandansage des Notfallkundendienstes zu hören, wo ich meine Telefonnummer und die Anschrift der Baustelle hinterlassen soll. Ich warte noch 1 Stunde auf der Baustelle auf den Rückruf vom Kundendienst der Firma Leider, der nicht kommt. Dann mache ich mich auf den Heimweg nach Kaufering, das 45 Kilometer von Thannhausen entfernt ist.

Auch heute am Sonntag, 24 Stunden später, als ich diese Sätze schreibe, habe ich noch immer keinen Rückruf vom Notfalldienst der Firma Leider. Der Leider-Notfallkundendienst funktioniert genauso schlecht wie die Leider-Wärmepumpe.

20. März 2023

Wenn du nach deinem Bereitschaftswochenende am Montagmorgen ins Büro kommst, musst du dem Chef und den Kundendienstkollegen von den Bereitschaftseinsätzen am Wochenende erzählen.

Ich hatte ja nur die Störung mit der Wärmepumpe in Thannhausen. Als ich an der Anlage in Thannhausen war, habe ich einige Fotos von den Störungsmeldungen und den Anlagentemperaturen gemacht und diese dann in die Firmenapp eingestellt. Der Chef hat das natürlich mitbekommen und ist am Sonntag noch mal selber an die Anlage gefahren und hat sie nochmals entstört.

Auch heute Vormittag war der Chef noch mal an der Anlage und nachmittags ist dann Theo wieder nach Thannhausen gefahren. Angeblich sind sie kurz vor der Lösung des Problems. Ich habe schon im Büro in Anwesenheit aller Kundendienstmonteure gefragt, wer am nächsten Wochenende Bereitschaft hat. Dem kann ich dann den schnellsten und kürzesten Weg nach Thannhausen mitteilen.

Übrigens hat sich der Notfallkundendienst der Firma Leider-Wärmepumpen immer noch nicht gemeldet. Vielleicht sind die gerade im Betriebsurlaub oder beim Betriebsausflug. Man weiß es nicht.

Aber nun zum erfreulicheren Nachmittag beim Witzeerzähler Lopp aus Bobingen. Er erzählt jedes Jahr die gleichen Witze. Ich bin jetzt in einem Alter, wo ich manchmal an mir selber zweifle. So manchen Witz, den er erzählt, kenn ich gar nicht oder habe ich ihn vielleicht vergessen? Herr Lopp hat mir und meinen Kollegen jetzt 10 Jahre die gleichen Witze erzählt. Warum also sollte er jetzt mit über 80 Jahren noch was Neues präsentieren?

Ein typischer Witz von Herrn Lopp, den er mir heute erzählt hat: Eine Frau sagt zu ihrer Freundin: »Du, heute werde ich zum 4. Mal zum Altar geführt.« Die Freundin erwidert: »Den Weg solltest du ja inzwischen schon auswendig kennen.«

Ja, Herrn Lopps Witze sind schon immer sensationell.

21. März 2023

Heute ist doch tatsächlich der Werkskundendienst des Wärmepumpenherstellers Leider aus dem Winterschlaf erwacht. Sie haben zwar weiterhin meinen Anruf auf ihrem Anrufbeantworter ignoriert, unser Chef hat aber scheinbar massiven Druck ausgeübt, so dass sie sich in Bewegung setzen mussten.

In Thannhausen an der Wärmepumpenanlage konnten sie dann auf Anhieb keinen Fehler erkennen. Doch nachdem unser Monteur Theo, der letzte Woche mehr

Stunden an der Wärmepumpe verbrachte als zu Hause, seine Beweisvideos mit den Störungen zeigte, kam es zur Einsicht des Werkskundendienstes. Schließlich wechselten sie die komplette Wärmepumpenregelung. Seitdem läuft die Anlage.

Irgendwie kam dann noch heraus, dass es mit der neuen Version der Regelung Probleme gibt. Darum haben sie uns jetzt wieder eine Regelung mit der alten Softwareversion montiert. Ich fühlte mich an die Regelungsprobleme bei Frau Fegger aus Bobingen erinnert.

Meister Donald hat mir noch eine Störung an der Pelletheizung von Herrn Pappel aus Aystetten gemeldet. Es sind die gleichen Probleme wie vor 4 Wochen, als wir die Saugturbine erneuerten. Seit Herr Pappel seine neuen Pellets geliefert bekommen hat, gibt es Probleme an der Anlage. Ich entleere den Tagesbehälter und reinige ihn komplett. Zusätzlich überprüfe ich die Pelletsaugschläuche des Sacksilos zum Tagesbehälter auf Risse und Undichtheiten.

Herr Pappel ist zwar irgendwie ein komischer Kauz, aber er bleibt trotz der vielen Störungen in letzter Zeit immer gelassen und versorgt mich immer noch mit Kaffee. Ich wechsle schließlich – wie bereits vor 4 Wochen – die Saugturbine und dann läuft die Anlage wieder. Das muss ich morgen dem Chef berichten, wegen Kulanz oder Rechnung schreiben.

Der Chef hat auch keine ruhigen Tage – die Probleme in Thannhausen scheinen zwar gelöst zu sein, aber nun geht es weiter mit den Problemen bei Familie Pappel.

22. März 2023

Nachdem die Wärmepumpe in Thannhausen jetzt endlich richtig läuft, habe ich für den Chef gleich die nächste Hiobsbotschaft von Familie Pappel. Gestern Nachmittag habe ich bei Familie Pappel aus Aystetten zum 2. Mal innerhalb von 4 Wochen die Saugturbine erneuert.

Das ist bei uns oft so, dass man eine Problemanlage zum Laufen gebracht hat und schon wenig später gibt es eine neue Problemanlage.

Ich muss mit unserer Bürodame Sonnhilde heute das Zurücksenden der Saugturbine an Firma Bargassner organisieren. Eigentlich muss ich Sonnhilde nur das defekte Teil geben und sie macht dann das mit der Reklamation. Könnte aber in diesem Fall schwierig werden mit der Kulanz, da wir ja schon vor 4 Wochen eine Saugturbine für Familie Pappel ersetzt bekommen haben. Was ich sehr schnell merke, ist, dass ich Sonnhilde eine Arbeit aufgehalst habe, die nicht zu ihren Lieblingsarbeiten zählt.

Am Nachmittag fahre ich mit Simon zur Firma Lokos, die nicht weit von unserer Firma ihre Büros und ihre Produktionshalle hat. Wir müssen eine Warmwasserpumpe erneuern und ein Modul für den Internetanschluss der Heizung montieren. Eigentlich war im Angebot genügend Zeit für die Arbeiten kalkuliert. Wir sind auch zeitig auf der Baustelle. Nach Abschluss der Arbeiten führen wir natürlich noch eine Funktionskontrolle durch. Der Fehlerstromschalter löst beim Einschalten der Pumpe mehrmals aus. Wir checken alles durch, finden aber keine offensichtliche Ursache. Irgendwann löst er nicht mehr aus, wir wissen aber immer noch nicht, warum er auslöste. Das ist kein gutes Gefühl, wenn du die Anlage verlässt und keine Erklärung für den Vorfall hast. Kein guter Tag für uns. Überstunden und ein schlechtes Gewissen, ob alles funktioniert, wie es soll.

23. März 2023

Otto erinnert mich manchmal an meine Oma. Wie er sich heute Morgen die Treppe zum Büro hochschleppt, ist beeindruckend. Die linke Hand immer am Treppengeländer, wo er sich hochzieht und seine kraftlosen Beine unterstützt. Allerdings war meine Oma damals schon über 80 Jahre – so viel zur körperlichen Fitness von unserem Otto.

Dodo hat sich seit heute wieder krankgemeldet. Er ist somit auf dem besten Weg, die »Poleposition« in der Krankenstandsliste zu übernehmen. Norbert ist seit heute nach überstandener Krankheit wieder zurück und wird die »Poleposition« gegen Dodo wahrscheinlich nicht verteidigen können.

Mein erster Termin ist heute beim Herrn Bammel in Inningen. Herr Bammel hat 2010 einen Pelletkessel von uns einbauen lassen und hat dann jahrelang seinen Kessel selbst gereinigt. Nach einer größeren Reparatur hat Herr Bammel dann doch noch einen Wartungsvertrag mit uns abgeschlossen. Herr Bammel ist sehr beeindruckt von meinem Gedächtnis, weil ich noch wusste, welche Ersatzteile ich bei der letzten Reparatur gebraucht hatte. Das gibt mir und meinem Hirn Selbstvertrauen, ich habe nämlich immer das Gefühl, dass ich sehr vergesslich bin und ein schlechtes Erinnerungsvermögen habe.

Später muss ich noch einen Termin von Dodo übernehmen. Eine Gaskesselwartung bei einem Herrn Ruysten in Königsbrunn. Er ist nicht besonders freundlich. Zuerst schimpft er über die ständige Preiserhöhung unseres Wartungsvertrages, dann droht er uns, dass er, sollte die Heizung trotz der jährlichen Wartung ausfallen, uns »den Arsch versohlen wolle«.
Irgendwie ist mir der Mann nicht symphytisch, aber ich muss auch nicht alle Kunden mögen.

27. März 2023

Dodo ist immer noch krank – nach meinen Informationen ist er noch die ganze Woche zu Hause. Ich muss also wieder einige Elektroarbeiten von ihm übernehmen. Diese Woche könnte für mich sehr anstrengend werden.

Erster Termin ist heute ein Mietshaus in Königsbrunn. Die Mieterin, Frau Pungureanu, ist vor einer Woche ausgezogen. Der Schlüssel für das momentan leerstehende Haus ist bei Nachbarn deponiert. Nachdem ich mir den Schlüssel geholt habe, kann ich in Ruhe den Kundendienst am Puderlos-Gasbrennwertgerät durchführen. Die Frau Pungureanu ist Rumänin und ich kenne sie schon etliche Jahre. Da ich seit 10 Jahren bei Hilfstransporten nach Rumänien mitfahre, gab es mit ihr immer was zu ratschen. Außerdem hatte Frau Pungureanu noch 3 große Aquarien im Wohnzimmer stehen, in denen etliche Fische untergebracht waren. Und diese Fische hatten alle einen Namen. Ich informierte mich jedes Jahr bei ihr, welche Fische neu hinzugekommen waren und wie sie hießen. Frau Pungureanu nahm sich sehr viel Zeit und stellte mir alle ihre Fische vor. Als ich das Simon erzählte, lachte er nur und wunderte sich, für welche Dinge ich mich interessiere. Frau Pungureanu zieht in ein Mietshaus in Spanien, weil sie dort weniger Miete und vor allem weniger Heizkosten zahlt. Schade, dass sie und ihre Fischchen nicht mehr da sind.

Heute Nachmittag fuhr ich vom Betriebsgelände zu Herrn Trichter, der sich vor 2 Jahren von uns eine Gasheizung hat einbauen lassen. Als ich während des Kundendienstes zum Fahrzeug rausmusste, um Ersatzteile zu holen, sah ich einen Plattfuß an meinem Reifen. Wie schon vor einem halben Jahr bin ich auf dem Betriebsgelände in eine Schraube reingefahren, die jetzt im Reifen steckt.

Was für ein Mist! Schließlich habe ich dann doch noch Glück im Unglück und der Bobinger Reifenhändler ersetzt meinen kaputten Reifen sofort, da ein anderer Kunde kurzfristig abgesagt hat.

28. März 2023

An diesem Dienstag gibt es richtig viel Arbeit für mich. Ich muss 2 Anlagen in Betrieb nehmen. Bei der ersten Anlage, zu der ich gleich in der Früh hinfahre, muss ich auch noch die kompletten Elektroarbeiten erledigen. Bei Frau Schutt aus Göggingen war ich schon mal vor ungefähr einem Jahr zur Störungsbeseitigung an ihrem Ölkessel. Es ist ein kleiner Heizungsraum und Fritz und Momo sind auch noch auf der Baustelle. Ich habe dann auf der Baustelle spaßeshalber zu Beginn unserer Arbeiten gleich eine Baustellenbesprechung angesetzt, auf der wir den Arbeitsablauf festlegen, damit wir uns in dem kleinen Heizungsraum nicht gegenseitig im Weg stehen. Ich beschließe, dass ich zuerst meine Elektroarbeiten im Heizungsraum beginne und meine Kollegen in der Wohnung die fehlenden Thermostatventile erneuern.

Kaum habe ich mit meinen Arbeiten richtig Fahrt aufgenommen, und meine Elektroinstallation macht schon was her, ruft Sonnhilde aus dem Büro an. Sie meldet ein Wasserproblem bei Herrn Häufele aus Königsbrunn. Heute muss ich Sonnhilde absagen, sonst werd ich hier gar nicht mehr fertig. Eine Stunde später probierts dann auch Traute aus dem Büro mit einer Pelletkesselstörung. Heute muss ich auch Traute absagen; weil Dodo ja krank ist, muss wohl Simon ran.

Ab Mittag bin ich dann bei Ferdinand, Sören und Maik in Großaitingen bei der Inbetriebnahme eines Gaskessels. Die provisorische Inbetriebnahme klappt gut, ich bin wieder gut in der Zeit.

Anschließend geht es noch mal zu den Kollegen nach Göggingen, die ja in der Zeit, wo ich weg war, die Ölleitung montieren mussten. Als ich auf der Baustelle eintreffe, sind sie bereits mit der Ölleitung fertig. Meine Ölkessel-Inbetriebnahme bei Frau Schutt kann beginnen. Ich schaffe den arbeitsreichen Tag mit (nur) einer Überstunde.

Zum Abschluss muss ich noch ins Büro, um meine Handlampe elektrisch aufzuladen. Ulla will die Büros gerade absperren. Sie meint, ich käme ihr gerade recht, sie hätte noch ihre Sachspenden und 20 Euro Benzingeld für die Rumänienhilfe Stauden im Fahrzeug. Wir laden um und ich bedanke mich herzlich bei Ulla. Ulla ist eine total nette Kollegin und sie hat ein gutes Herz …
Am 28. April geht die Fahrt nach Rumänien los, meine Vorfreude steigt jeden Tag.

29. März 2023

Dodo ist ja noch die ganze Woche krankgeschrieben und somit ist er jetzt die klare Nummer 1 in der Krankenstandsliste.

Für mich geht es heute wieder zu Frau Schutt nach Göggingen, wo ich den ganzen Tag mit Elektroarbeiten beschäftigt bin. Theo und Fritz sind auch noch auf der Baustelle beschäftigt. Sie sind jedoch die meiste Zeit auf dem Dach und installieren die Solaranlage. Wir stehen uns also nicht gegenseitig im Weg. Es ist sehr angenehm auf der Baustelle, das einzige Manko ist, dass wir mit Kaffee völlig unterversorgt sind – dann gibt es halt erst in der Mittagspause etwas Kaffee.

Bei uns Monteuren ist es üblich, seine Mittagszeit im Fahrzeug zu verbringen. Einige besorgen sich auf der Fahrt zur Baustelle ihr Essen und Trinken. Ich nehme meine vegetarische Brotzeit immer von zu Hause mit. Da ich ein Frühaufsteher bin, habe ich am Morgen genügend Zeit, mir mein Mittagessen vorzubereiten. Typisches Essen, das ich einpacke: Brot, Käse, klein geschnippeltes Gemüse, etwas Obst, Wasser, Kaffee und ein Stück Hefezopf für den Nachmittag.

Nach dem Mittagessen gibt es ein halbstündiges Mittagsschläfchen im Firmenfahrzeug. Daran kann man sich übrigens ganz schön gewöhnen. Ich weiß gar nicht, wie ich das früher immer ohne Mittagsschlaf geschafft habe.

Man wird halt einfach alt … Vor Jahren habe ich mich über die Mittagsschlafgewohnheiten meiner Eltern lustig gemacht, jetzt mache ich es ganz genauso.

Im Büro besprechen wir kurz vor Feierabend, wer Dodos am Wochenende anstehende Bereitschaft übernimmt. Simon schlägt sofort zu und will Dodos Bereitschaft übernehmen. Im Gegenzug muss Dodo die nächste Bereitschaft von Simon übernehmen. Simons nächste Bereitschaft wäre an Ostern gewesen. Guter Tausch, das hat Simon clever gemacht!

30. März 2023

Heute Morgen meldet sich Matze mit Fieber krank, dafür erscheint Momo wieder im Betrieb, nachdem er gestern wegen Übelkeit zu Hause geblieben ist. Der Chef kommt heute auch nicht, somit ist die Stimmung noch lockerer als sie eh schon ist. Simon will die Montagetrupps einteilen, ersetzt den kranken Matze durch den genesenen Momo. Ich spreche von »Machtübernahme« durch die Kundendienstabteilung, ein bisschen Spaß muss sein.

Als Erstes habe ich heute eine Ölbrennerstörung bei Familie Paschka in Königsbrunn. Die Heizungsanlage ist Baujahr 1981, ich lege Familie Paschka nahe, die Heizung in naher Zukunft zu erneuern. Frau Paschka spricht den Satz aus, den ich bei älterer Kundschaft ganz oft höre: »Das rentiert sich doch bei uns nicht mehr, wir sind beide über 80 Jahre alt.« Da ich nicht der leidenschaftliche Verkäufer bin und an meine eigene Heizung, Baujahr 1977, denken muss, breche ich mein Verkaufsgespräch ab. Ich erneuere am Ölbrenner das defekte Magnetventil und lasse es gut sein.

Anschließend muss ich nach Großaitingen, wo ich vorgestern die provisorische Inbetriebnahme durchgeführt habe. Ich werde nach kurzer Absprache mit unserem Meister Donald die Elektroarbeiten auf der Baustelle übernehmen.

Ferdinand und Sören sind bereits auf der Baustelle, als ich eintreffe. Ferdinand meint, er sei froh, dass ich die Elektroarbeiten erledige. Seine Begründungen sind verständlich:»Wenn Dodo Elektroarbeiten macht, jammert er den ganzen Tag rum und braucht dann auch noch doppelt so lange wie du.« Ich nehme Ferdinands Worte gerne als Wertschätzung meiner Arbeit an.

3. April 2023

Morgen muss ich zu Familie Mertle und den Elektriker der Firma Knüller einweisen, was er alles zu verdrahten hat. Die alte Regelung wird durch eine neue Heizungsregelung ersetzt. Simon kann das nicht machen, da er bei Mertles Hausverbot hat. Das kommt immer wieder mal vor, dass Kunden über Monteure verärgert sind und diese nicht mehr im Haus haben wollen. Ich habe auch eine Liste, auf der Kundschaft steht, von der ich weiß, dass ich bei ihr nicht mehr erwünscht bin.

Frau Duster aus Bobingen hat mir Hausverbot erteilt, nachdem ich ihre Hunde »Köter« genannt habe. Während einer Reparatur an einem Heizkörper sind die beiden Tiere ständig an mir hochgesprungen. Wollten scheinbar »spielen«. Ich habe Frau Duster gebeten, dass sie doch ihre beiden »Köter« wegsperre, damit ich in Ruhe arbeiten könne. Es folgte Hausverbot bei Frau Duster.

Bei Familie von der Tück hat mich mein Staubsauger im Stich gelassen. Der ganze Ruß ist dem Staubsauger entwichen und hat sich im Heizungsraum abgesetzt. Verzweifeltes Putzen von mir konnte auch nichts mehr retten. Es folgte Hausverbot bei Familie von der Tück.

Bei Familie Berstberger in Gersthofen führte der Junior der Familie die Elektroarbeiten selber aus. Nach falscher Verdrahtung erfolgte ein satter Kurzschluss auf der

Hauptplatine vom Pelletkessel. Um 7 Uhr abends tauschte ich zusammen mit dem Bargassner-Kundendienst die Platine aus. Die aus 5 bis 6 Personen bestehende Familie stand während der ganzen Reparatur im Kreis um uns beide herum. Irgendwann rutschte mir dann bei schlechter Laune heraus, dass ich mich »wie im Zirkus« fühle. Es folgte Hausverbot bei Familie Berstberger.

Bei Familie Leier in Haunstetten ging mal nach einem Kundendienst von mir die Heizung auf Störung. So etwas sollte natürlich nicht passieren, kann aber schon mal vorkommen. Es folgte ein völlig unberechtigtes Hausverbot bei Familie Leier.

Jahre später hatte ich Bereitschaft und Familie Leier meldete eine kalte Wohnanlage bei eiskalten Temperaturen. Ich erwähnte das Hausverbot, das ich bei ihnen habe. Herrn Leier war es dann irgendwie peinlich, dass er mich braucht … Ich bin dann hingefahren und Herr Leier hat mit gutem Trinkgeld zur Versöhnung beigetragen …

4. April 2023

Bei Raddotherm-Regelungen gibt es den sogenannten »schnellen Fühler«.
Das ist ein Warmwasserfühler, der besonders schnell Temperaturänderungen erfasst und der Regelung meldet. Otto muss diesen Fühler heute bei Familie Mertle in Königsbrunn erneuern. Ich bin heute auch noch auf der

Baustelle Mertle und muss den Elektriker Herbert in die auszuführenden Elektroarbeiten einweisen.

Otto fragt mich, ob der »schnelle Fühler« schon auf der Baustelle sei. Ich antworte ihm, dass der »schnelle Fühler« natürlich schneller auf der Baustelle ist als unser kraftloser Otto.

Otto kommt dann nicht aus der Betriebsausfahrt raus, da das Fahrzeug von Simon im Weg steht. Dann ruft Otto tatsächlich mit dem Handy ins Büro hoch, Simon solle runterkommen und sein Fahrzeug umparken. Hauptsache, er muss keine Treppen steigen; sportlich kann jeder 80-Jährige mit unserem Otto mithalten.

Auf der Baustelle Mertle treffe ich dann Herbert von der Elektrofirma Knüller und seinen Helfer. Sie haben die neu montierte Regelung schon so weit verdrahtet, dass ich die provisorische Inbetriebnahme durchführen kann. Klappt alles ganz gut.

Danach geht es wieder zu Ferdinand auf die Baustelle Klojetzki in Großaitingen. Dort erledige ich noch die ausstehenden Elektroarbeiten. Der Kaffee, den ich auf der Baustelle immer bekomme, ist richtig gut; schade, dass ich hier mit meinen Arbeiten schon fertig bin.

Also geht es am späten Nachmittag nochmal zu Herbert auf die Baustelle. Er hat noch viel zu tun auf dieser Baustelle. Herbert ist einer, mit dem ich gut zurechtkomme, die Zusammenarbeit passt. Heute hat er aber nicht seinen besten Tag. Er jammert viel rum, weil er überall schlecht hinkommt und wenig Platz hat. Morgen erledigen wir dann zusammen die restlichen Elektroarbeiten. Da ist er dann sicher wieder gut drauf, so wie er halt sonst immer drauf ist.

5. April 2023

Herbert und ich haben uns um 7.30 Uhr bei Familie Mertle verabredet. Wir müssen noch mal die komplette Elektroinstallation überprüfen und eventuell ändern. Auf dem Parkplatz vor dem Haus der Familie Mertle ratschen wir dann noch ganz lange.

Wir lästern über die jüngere Generation in unseren Firmen, die oft krank ist und das gewissenhafte Arbeiten nicht mehr kennt, so wie wir »Alten« das verinnerlicht haben. Herbert ist 58 Jahre alt, also 1 Jahr älter als ich und hat auch immer wieder gesundheitliche Probleme. Momentan hat er Schwierigkeiten mit seinen Bronchien, so dass er immer schlecht Luft bekommt und viel hustet. Wir sprechen darüber, dass viele von uns Handwerkern bereits krank oder körperlich am Ende in Rente gehen. Aber das ganze Jammern von uns macht es auch nicht besser, also legen wir mit unseren Arbeiten los. Die Zusammenarbeit mit Herbert und seinem Helfer passt gut, und an der Anlage funktioniert so weit alles.

Meine Mittagspause verbringe ich von 11 Uhr bis 11.45 Uhr im Firmenfahrzeug. Ich esse, trinke und lese ungefähr 15 Minuten, dann geht es in den Schlafmodus. Heute lassen 4 Anrufe während meiner Schlafphase keinen erholsamen Mittagsschlaf zu. Sonnhilde aus dem Büro, der Chef, Theo und Herbert wollen wichtige und unwichtige Dinge von mir wissen.

Später mache ich noch eine abschließende Prüfung der Elektroarbeiten von Herbert und erledige gleich noch den Kundendienst an der Gasheizung. Familie Mertle war heute mit mir zufrieden. Kaffee, Kuchen und 20 Euro Trinkgeld sind eindeutige Zeichen, dass meine Einschätzung zutrifft.

6. April 2023

Die Elektrobaustellen sind so weit alle erfolgreich abgeschlossen und so kann ich heute noch einige Wartungsarbeiten erledigen. Familie Böshanf hat das Wohnhaus der Rörsters aus Graben gekauft. Die Ehe ging in die Brüche und wie meistens, muss dann das gemeinsame Wohnhaus verkauft werden. Meine Aufgabe ist heute, die Wartung zu erledigen und der Familie Böshanf die Heizung zu erklären.

Anschließend bin ich bei Frau Rittner in Königsbrunn zum Kundendienst an ihrer Gasheizung. Ich werde neidisch, als sie mir berichtet, dass sie seit Kurzem in

Rente ist. Auch mit ihr spreche ich über die Renten und wer das alles finanzieren soll. Und über die schnell steigende Inflation und dass sich damit Rentner, die 45 Jahre lang in die Rentenkasse eingezahlt haben, immer weniger leisten können. Der Unterschied zwischen der Rente und dem Bürgergeld wird immer kleiner. Wo sich natürlich viele fragen, ob es sich überhaupt noch rentiert, viel und lange zu arbeiten oder ob man gleich auf das Model Bürgergeld umsteigen soll. Wir diskutieren natürlich auch über die vielen Flüchtlinge, die nach Deutschland kommen. Wie soll das alles finanziert werden? Die Anzahl der arbeitenden Bevölkerung wird immer geringer. Wir stellen schließlich beide noch fest, dass wir nicht ausländerfeindlich sind. Wir machen uns einfach nur Sorgen, wie das alles weitergehen soll.

Ich komme heute nach erledigten Arbeiten schon vor 15 Uhr in den Betrieb. Ich war schon mit schlechtem Gewissen unterwegs, so früh in den Betrieb zu kommen, aber mehr als die Hälfte der Monteure ist schon vor mir im Betrieb und bereits im Feierabendmodus. Das mit dem schlechten Gewissen hat sich somit erledigt …

Heute möchte ich auch pünktlich zu Hause sein, weil ich natürlich den 5. Hochzeitstag mit meiner Cornelia nicht vergessen habe und wir den Abend bei leckerem Essen im Nonnenbräu in Landsberg genießen wollen.

11. April 2023

Bei den Terminvereinbarungen letzte Woche hatte ich schon Bedenken, als ich den ersten Dienstagmorgen-Termin an Familie Lill aus Bobingen vergab. Die Familie Lill bezieht schon seit längerer Zeit Bürgergeld. Dass das Bürgergeld dann nicht für alles reicht, sieht man Frau Lill sofort an. Sie erscheint mir sehr ungepflegt und macht den Eindruck, dass sie das wenige Geld, das ihr zur Verfügung steht, nicht für Körperpflege ausgibt. Ihr Sohn hat längere, ungepflegte Haare und dem Anschein nach auch keinerlei Kontakt zum Dorffriseur.

Wie fast zu erwarten war, öffnet um 7.30 Uhr keiner von den beiden die Haustüre. Mehrfaches Klingeln und mehrere Anrufe bewirken kein Erwachen der schlafenden Hausbewohner. Im Haus bleibt alles dunkel. Wie so oft bei Personen, die kein geregeltes Leben mehr haben, schafft es auch Familie Lill nicht, ihren Wartungstermin einzuhalten.

Ich muss dann kurzfristig zu Familie Mertle nach Königsbrunn, um ein neues Programm von der SD-Karte auf die Raddotherm-Regelung aufzuspielen. Mertles sind zu Hause und alles klappt.

Der Chef hat am Wochenende eine E-Mail, die eine ganze Seite füllt, von Herrn Laible aus Leitershofen bekommen. Er listet alles auf, was an seiner neuen Heizungsanlage noch fehlt und was an seiner Heizungsregelung noch nicht funktioniert. Er hat seine komplette Heizung selber elektrisch angeschlossen. Die letzten Tage hatte er mehrere Fehlerstromauslösungen und Fühlerkurzschlüsse gemeldet. Ich soll ihn nun anrufen und ihm bei der Fehleranalyse helfen. Darauf habe ich gar keine Lust …

12. April 2023

Nach einem entspannten Vormittag mit 2 unkomplizierten Wartungen bei Frau Luber in Bobingen und Dr. Renz in Friedberg kommt es noch zu einem katastrophalen Nachmittag.

Familie Mertle aus Königsbrunn, wo ich ja die letzten Tage beschäftigt war, meldete gestern Abend, dass die Solaranlage nicht funktioniere. Ich fahre dann nach der Mittagspause nach Königsbrunn. Meine erste Feststellung an der Solaranlage ist dann, dass die Primär- und die Sekundärpumpe nicht laufen. Der Elektroanschluss ist ordnungsgemäß. Ich telefoniere mit dem Raddotherm-Kundendienst und bespreche mich mit Herrn Kammling. Nach einer aufwendigen Fehlersuche über das Telefon stellt sich heraus, dass die Werkseinstellung falsch programmiert ist. Problem 1 ist somit behoben.

Die Warmwasserpumpe schaltet nach der Wasserzapfung nicht mehr ab. Ich baue den Strömungsschalter aus. Eine fast unmögliche Aufgabe, da er so gut wie nicht mehr zugängig ist. Unsere Männer haben direkt vor dem Strömungsschalter den Schlammabscheider der Fußbodenheizung montiert. Danke Otto!!! Ich krieg es irgendwie hin, entkalke den Schalter und montiere ihn wieder. Die Warmwasserpumpe schaltet wieder ab. Problem 2 ist somit behoben.

Der Mischermotor der Fußbodenheizung fährt ganz zu und trotzdem geht Wärme zu den Fußbodenkreisen durch. Ich überprüfe das und stelle fest, dass der Stellmotor falsch auf dem Mischer montiert wurde. Danke Otto!!! Problem 3 ist somit behoben.

Das Warmwasser wird nicht exakt auf die voreingestellte Temperatur geregelt. Ich telefoniere noch mal mit Herrn Kammling von der Firma Raddotherm. Nach längerer Fehlersuche über das Telefon stellt sich heraus, dass die Regelung die falsche ist. Das wird heute nix mehr. Nach fast 4 Stunden Fehlerbehebung bin ich jetzt an Problem 4 gescheitert.

Heute Abend brauche ich noch ein Feierabendbier zur Nervenberuhigung.

13. April 2023

Der Donnerstagmorgen beginnt mit einem einfachen, entspannten Kundendienst an einem Puderlos-Gaskessel bei Familie Parkosch in Augsburg. Aber das mit dem entspannten, unkomplizierten Kundendienst am Morgen hatte ich ja gestern schon, und gestern wurde es dann noch richtig nervig und stressig.

Am späteren Vormittag habe ich bei Herrn Müdemann in Straßberg noch eine Ölbrennerstörung. Ihm ist das Heizöl ausgegangen und nach der neuen Betankung bringt er seine Heizung nicht mehr zum Laufen. Ich entlüfte die Heizölleitung und erneuere die Brennerdüse und schon läuft die Maschine wieder. Herr Müdemann arbeitet in der Kläranlage in Bobingen, wo unsere Firma auch den Kundendienst durchführt. Er hat vor einigen Jahren das Wohnhaus seines Opas übernommen. Als Opa Müdemann noch in diesem Haus wohnte, habe ich über meine vorherige Heizungsfirma auch schon die Wartung an dieser Anlage gemacht.

Warum auch immer, ich habe in diesem Moment das Gefühl, dass ich auch schon ganz schön alt sein muss ... Aber es gibt durchaus einige Ältere als mich. Zum Beispiel die 90-jährige Frau Bechtor, zu der ich anschließend muss. Ihre Tochter ist gerade zu Besuch. Ich muss den beiden nur zeigen, wie man die Heizung auf Sommerbetrieb umstellt. Das sind ungefähr 5 Minuten Arbeit und dafür bekomme ich 20 Euro Trinkgeld. Nicht schlecht, so kann es heute gerne weitergehen.

Heute Nachmittag habe ich noch eine traurige Nachricht bekommen. Unser ehemaliger Hausmeister, Herr Leiter aus Bobingen, ist am Karfreitag im Alter von 76 Jahren verstorben. Da er nach dem 2. Weltkrieg als Flüchtling aus Rumänien zu uns kam, hatten wir uns immer viel über Rumänien zu erzählen. Ich bin gut mit ihm zurechtgekommen.

14. April 2023

An diesem Freitag muss ich in die Arbeit, weil ich am Wochenende Bereitschaftsdienst habe.

Heute fahre ich zu Familie Pindl nach Graben. Die Kollegen Sören, Fritz, Norbert und Momo haben die letzten Tage den Ölkessel erneuert. Danke, liebe Bundesregierung, dass wir wieder etliche Ölkessel einbauen. Die Kundschaft, die jetzt ohne Not einen neuen Ölkessel montieren lässt, will sich einfach von der Regierung nicht zu einer Wärmepumpe zwingen lassen. Was bei Herrn Pindl in Verbindung mit seinen Heizkörpern völlig unwirtschaftlich wäre. Zum hohen Anschaffungspreis würden, Dank des schlechten Wirkungsgrades der Wärmepumpe, sehr hohe Stromkosten auf den Kunden zukommen.

Ich werde heute die Elektroarbeiten und die Inbetriebnahme durchführen. Meine Elektroarbeiten laufen gut und die Inbetriebnahme macht auch keine Schwierigkeiten. Das größere Problem ist eine angebohrte Elektroleitung in der Betondecke. Einer meiner 4 Kollegen hat beim Bohren der Löcher für die Rohrschellen eine fünfadrige Elektroleitung beschädigt. Das passiert hin und wieder schon mal. Die Kabelflickerei ist dann immer meine Aufgabe. In diesem Fall ist die Reparatur dann sehr schwierig. Die fünfadrige Mantelleitung bringe ich in dem Metallschutzrohr keinen Millimeter vor oder zurück. Das bedeutet für mich, dass ich am kommenden Montag noch mal zu Pindls raus muss, um ein neues Elektrokabel zu verlegen. Das Kabel werde ich auf Putz verlegen, da es ein Kellerraum ist, da kann man die Optik schon mal vernachlässigen.

Gegen Mittag kommt Herr Pindl von der Arbeit heim und bemerkt, dass 3 Heizkörper nicht warm werden. Das heißt für mich, dass ich meinen pünktlichen Feierabend vergessen kann … Nach Instandsetzung der 3 Ventile werden alle 3 Heizkörper warm, einer der 3 Heizkörper lässt sich jedoch nicht mehr abstellen. Somit muss am Montag auch noch ein Heizkörperventil erneuert werden.

Jetzt geht es aber ins Wochenende mit hoffentlich wenig Bereitschaftseinsätzen.

17. April 2023

Mein Bereitschaftswochenende war sehr ruhig, ich hatte keinen Einsatz. Nur einen Anruf von Hausmeister Billy aus Bobingen, der mich wegen eines Wasserrohrbruches in Bobingen kontaktierte. Die Heizungsanlage, um die es ging, wurde nicht von uns installiert und auch nicht über den Kundendienst von uns betreut. Herr Billy informierte mich, dass die Firma Rammer vor Ort sei, die Monteure aber keine 3-Zoll-Reparaturschelle dabei hätten und dass ich jetzt mit meiner 3-Zoll-Reparaturschelle zum Abdichten kommen solle.

Ich habe mehrere Gründe, warum ich die Anlage nicht anfahren werde. Der entscheidende Grund, warum ich heute nicht mehr losfahre, ist, dass es bereits 20.30 Uhr ist, wir Besuch von unseren Freunden Frank und Roberta haben und ich bereits 2 Gläser Rotwein intus habe.

Heute geht es in meine letzte Arbeitswoche vor meiner Rumänienfahrt. In der Früh muss ich im Betrieb 1 oder 2 Monteure dafür begeistern, das defekte Thermostatventil bei Familie Pindl in Graben zu erneuern. Simon und Theo haben für heute eh erst einen Termin ausgemacht und somit haben sie Zeit.

Als wir dann vor Ort bei Familie Pindl sind, stellt sich heraus, dass das Ventil wieder funktioniert. Meine beiden Kollegen bleiben entspannt und begutachten die neue Heizung. Beide natürlich mit den Augen eines Kundendiensttechnikers, wo etwas zugebaut oder schlecht zugängig für die Wartung ist. Ich lasse mir dann anschließend Zeit mit der Verlegung der neuen Elektro-Zuleitung für die Heizungsanlage. Heute ist ein entspannter Wochenbeginn.

Im Büro erfahre ich kurz vor Feierabend, dass am 10. Mai die komplette Mannschaft zu Raddotherm hochfährt, um an einer Wärmepumpenschulung teilzunehmen. Das ist eine ganz wichtige Schulung, da die Anzahl installierter Wärmepumpen stetig steigt.

18. April 2023

Simon möchte mir heute Morgen Theo andrehen. Ich lehne ab und vertröste Simon auf die nächsten Tage. Theo ist natürlich ein guter Kollege und ich komme mit ihm klar. Genauso kommt Simon mit ihm klar. Aber irgendwie sind wir Kundendienstler ein eigenes Volk, das gerne alleine unterwegs ist und sich nach niemandem richten will. Aber natürlich muss Theo als neuer Kundendienstler angelernt werden. Gemeinsam kriegen wir das schon hin.

Zuerst geht es heute zu Herrn Seidel in Bobingen zum Kundendienst an seiner 3 Jahre alten Puderlos-Gasheizung. Herr Seidel ist Rentner und hat seinen Stuhl schon neben der Heizung platziert. Ich ahne nichts Gutes ... Wie erwartet, fragt er mich, ob er beim Kundendienst zuschauen darf, sitzend auf dem Stuhl direkt neben dem Heizkessel. Ich lehne seine Anfrage freundlich, aber bestimmt ab. Er ist deswegen nicht beleidigt und wir unterhalten uns noch eine ganze Weile.

Ich komme immer wieder zu dem Schluss, dass ein freundliches »Nein« besser ist als ein genervtes, unfreundliches »Ja«.

Am Nachmittag im Büro in der Firma fragt mich Dodo, ob ich noch Hilfsgüter für unsere Rumänienfahrt brauche. Er könne morgen noch was mitbringen. Ich habe die letzten 4 Wochen so viele Kartons und Plastiksäcke mit Hilfsgütern erhalten. Unter anderem von Chef und Chefin, unserer Ulla aus dem Büro, von unseren Freunden Frank und Roberta, von meiner Bergkameradin Andrea, von meinen Schwiegereltern Walter und Brigitte, von Evi, einer Freundin von Cornelia und es folgt noch etliches von meiner Schwester Doris und von meiner Mutter. Ich vertröste Dodo mit seinen Hilfsgütern also auf nächstes Jahr.

Für mich wird das eh noch ein Problem, die ganzen bei uns in der Wohnung zwischengelagerten Kartons und Plastiksäcke, prall gefüllt mit Kleidung, Spielzeug und Hygieneartikeln zur Sammelstelle in Langenneufnach zu bringen.

19. April 2023

Heute und morgen geht es noch mal in die Firma zum Arbeiten, und dann habe ich 2 Wochen Urlaub.

Nach 2 Wartungen bei Familie Fisch in Leitershofen und in einem Vierfamilienhaus in Lagerlechfeld muss ich noch mal zu Familie Mertle in Königsbrunn. Heute kommt der Raddotherm-Werkskundendienst zur Inbetriebnahme der Wärmepumpe.

Wärmepumpen sind ja gerade überall ein großes Thema. Wenn es nach unserer Bundesregierung ginge, sollten am besten sofort alle Öl- und Gasheizungen aus- und dafür überall Wärmepumpen eingebaut werden. Doch das alles scheitert wohl am Fachkräftemangel. Bei Raddotherm gibt es nur einen Kundendienstmonteur, der in Deutschland und den angrenzenden Nachbarländern die Raddotherm-Wärmepumpen in Betrieb nimmt oder Reparaturen durchführt. Dieser Monteur ist Jürgen Briegelmeier und der hat wirklich Ahnung von dem, was er macht. Er hat natürlich die jahrelange Erfahrung und er hat den Kälteschein. Ohne Kälteschein haben auch wir Heizungsmonteure kein Zugriffsrecht auf den Kältemittelbereich der Wärmepumpe. Bei Raddotherm versuchen sie gerade einen 2. Monteur auf Wärmepumpen zu schulen. Bis dieser zweite Mann das Wissen und Können hat, damit man ihn deutschlandweit losschicken kann, werden wohl noch einige Jahre vergehen. Wir Kundendienstmonteure gehen am 10. Mai gemeinsam zu einer Wärmepumpenschulung zu Raddotherm, um eine Grundlagenschulung zu erhalten.

Unsere Bundesregierung möchte jetzt mal so auf die Schnelle dem Fachkräftemangel entgegentreten, indem sie Leute aus Syrien, Afghanistan und anderen Ländern als Fachkräfte ausbildet. Völlig realitätsfremd …

Ich treffe dann noch Jürgen Briegelmeier auf der Baustelle. Wir schimpfen und lästern gemeinsam über unsere Regierung, und sehnen den Zeitpunkt herbei, an dem wir sie endlich wieder abwählen können.

20. April 2023

Zum ersten Termin geht es nach Ried bei Mering. Bei Familie Zürr ist der jährliche Kundendienst an der Ölheizung zu machen. Auf dem Weg zum Heizungsraum bist du nur auf Teppichen unterwegs. Teilweise hell und schmutzempfindlich. Das heißt für mich höchste Vorsichtsmaßnahmen beim Umgang mit den eigenen Arbeitsschuhen. Bloß keinen Teppich versauen, sonst gibt es Ärger. Im Heizungsraum selber ist ein Laminatboden verlegt, auch hier ist Vorsicht geboten, dass dir kein Wasser auf den Boden kommt. Aus den Wartungsunterlagen geht hervor, dass ich bereits zum 14. Mal zum Kundendienst an der Anlage komme – und Teppich wie Laminat schauen immer noch gut aus.

Am späten Vormittag geht es in die Firma zum Ausräumen des Firmenfahrzeuges. Wenn ich von meinem 14-tägigen Urlaub zurückkomme, sollte mein neues Firmenfahrzeug im Hof stehen. Aber vorher muss dann erst mal das alte Firmenfahrzeug komplett ausgeräumt und geputzt werden. Ich bin dann tatsächlich mehrere Stunden mit dem Ausräumen beschäftigt. Unglaublich, was so alles in einen Kombi reinpasst. Da die Produktpalette bei Heizungen immer größer wird, musst du auch immer mehr Ersatzteile dabeihaben. Früher hattest du nur Ersatzteile für Ölheizungen und eventuell ein paar Ersatzteile für Gasheizungen im Auto. Heutzutage kommen die Ersatzteile für Pelletheizungen, Regelungen und bald auch noch für Wärmepumpen dazu.

Bei der Räumerei und Putzerei kommt immer mal wieder einer zum Ratschen am Fahrzeug vorbei. Auch der Chef kommt mal vom Büro runter, um frische Luft zu schnappen. Wir unterhalten uns dann eine ganze Weile. Er erzählt mir, dass er Kopfschmerzen hat und dass das wahrscheinlich mit dem Stress wegen der Telefonanlage, die immer wieder ausfällt, zusammenhängt. Das nervt unseren Chef.

Als ich mich zum Feierabend in den Urlaub verabschiede, bekomme ich noch von ganz vielen Mitarbeitern beste Wünsche für unsere Rumänienfahrt mit auf den Weg. Am 22. April ist Sammeltag in Langenneufnach und am 28. April starten wir auf die 1.800 Kilometer lange Strecke nach Iasi in Rumänien. Ich freue mich auf meinen Urlaub und unseren Hilfstransport.

8. Mai 2023

Ich habe heute Morgen genauso wenig Motivation wie immer, am ersten Tag nach dem Urlaub. In der Firma angekommen, werde ich von einigen Mitarbeitern natürlich nach meiner Rumänienfahrt gefragt.

Ich berichte von meinen Erlebnissen und Eindrücken von unserem einwöchigen Hilfstransport nach Rumänien. Von der Fahrt von Langenneufnach über Braunau, St. Pölten, Wien, Budapest, Satu Mare, Baia Mare, Bistrita, Suceava bis zum Zielort Iasi kurz vor der Grenze zu Moldawien. Für mich ist die Rumänienhilfe genau das, was ich immer schon machen wollte. Es war mir einfach zu wenig, an Weihnachten 50 Euro für Hilfsbedürftige zu spenden, damit ich ein gutes Gewissen und die Gewissheit habe, ein guter Mensch zu sein. Praktische Hilfe, selbst mit anpacken, Hilfsgüter persönlich übergeben und hilfsbedürftige Menschen persönlich kennenzulernen, war mir wichtig.

Auch finanziell bringe ich mich ein und habe zum Beispiel letztes Jahr an Weihnachten Pakete mit Weihnachtsgeschenken im Wert von 200 Euro an rumänische Kinder geschickt. Das mit Rumänien ist wie ein ansteckender Virus. Wenn du von dem Virus befallen bist, kriegst du ihn nicht mehr los. Bei uns Rumänienfahrern gibt es einen gewissen Stamm, der, wenn möglich, jedes Jahr den Hilfstransport begleitet.

Das sind unser Vorstand Martin und seine Mitfahrer Max, Thomas, Luis, Bernhard, Winni und ich. Winni ist der, mit dem ich mich am besten verstehe und das Zimmer teile. Inzwischen werden wir auch schon als »siamesische Zwillinge« bezeichnet, mit dieser Betitelung kann ich aber nicht viel anfangen. Es gibt auch welche, die ab und zu mitfahren und es gibt auch welche, die nicht mehr mitfahren wegen irgendwelcher Vorkommnisse.

Unser Transport mit 2 Lastwagen und Begleitfahrzeug ist auch finanziell nicht so einfach zu schultern. Die Kosten für unseren Hilfstransport belaufen sich auf 5.000 bis 6.000 Euro. Über Spenden und verschiedene Sponsoren können wir die Kosten stemmen. Diese Fahrt bringt einfach Hilfe, Abenteuer und viel Spaß.

9. Mai 2023

Gestern räumte und richtete ich mein neues Firmenfahrzeug nach meinen Vorstellungen ein. Der neue VW-Transporter ist eigentlich nicht viel anders als der alte VW-Transporter, den ich 4 Jahre lang gefahren habe. In dieser Zeit bin ich 90.000 Kilometer gefahren.

Als erster Termin ist die Einweisung von Elektriker Herbert wegen der Elektroarbeiten bei Familie Köder in Graben ausgemacht. Der Termin macht uns beiden keinen Spaß, weil der Kunde sich vorab so informiert hat, dass er mehr Informationen und Wissen über die Elektroarbeiten hat als wir beide. Ich schaue dann auch, dass ich bald wieder von der Baustelle wegkomme und Herbert und seine Frau alleine auf der Baustelle zurücklasse.

Mit meinem neuen Firmenfahrzeug fahre ich nach Schwabmünchen, wo Dodo Probleme auf seiner Elektrobaustelle hat. Dodo meint, er habe überall auf der fünfadrigen Zuleitung Spannung und mit dem Hauptschalter lasse sich nichts abschalten. Ich löse das Problem in kürzester Zeit und klemme die Zuleitung richtig an. Wenn es doch bitte immer so einfach wäre …

Am Nachmittag komme ich ins Büro, um Termine zu vereinbaren und um fehlendes Material nachzubestellen. Otto kommt für seine Verhältnisse ganz flott die Treppe hoch. Da muss es im Büro wohl was umsonst geben. Und tatsächlich steht im Kühlschrank ein Kuchen, gesponsert von unserer Chefin, die gestern Geburtstag hatte. Das lässt sich Otto nicht entgehen.

Morgen geht es zur Raddotherm-Wärmepumpenschulung nach Tollstein. Die Schulung ist dann doch einen Tag zu spät, denn um 16 Uhr ruft Herr Leibold aus Wehringen an und vermeldet eine Störung an seiner Raddotherm-Wärmepumpe. Ich muss dann noch rausfahren und stelle einen Defekt am FI-Schutzschalter fest.

10. Mai 2023

Heute ist der Wärmepumpen-Schulungstag, der längst überfällig war. Jeder spricht fast jeden Tag über den zukünftigen Zwangseinbau von Wärmepumpen ab dem kommenden Jahr. Es wird dann auch jedes Mal darüber diskutiert, dass wir zu wenige Fachkräfte für den Einbau haben. Und diese wenigen Fachkräfte sind dann auch noch wenig oder gar nicht im Bereich Wärmepumpen geschult worden. Dem wollen wir heute entgegenwirken. Der Chef, Meister Donald, Dodo, Simon und ich fahren heute zur Raddotherm-Wärmepumpen-Schulung nach Markt Tollstein.

Für die Anreise legen wir über 100 Kilometer in 2 PKW zurück, um dann in Tollstein den Schulungsleiter Julius Buck und weitere 7 Schulungsteilnehmer zu treffen. Nach einem Begrüßungskaffee geht es gleich los. Es geht den ganzen Tag um das Thema Wärmepumpen. Um die Technik, Vorschriften, Einbau, Inbetriebnahme und Störungsbeseitigung. Sehr informativ und gut gemacht vom Schulungsleiter. Interessant war auch die Feststellung, dass die Betriebskosten für Öl- und Gasheizungen immer noch niedriger sind als die Stromkosten für die Wärmepumpe. Das heißt, du baust dir für 40.000 bis 50.000 Euro eine Wärmepumpe ein und hast dann höhere Betriebskosten als mit deiner alten Öl- oder Gasheizung.
Bei meiner Sternebewertung der Schulung muss ich 2 Sterne abziehen, da es zum Mittagessen nur Leberkäs gab.

Auch bei der letzten von mir besuchten Schulung bei Raddotherm vor 5 Jahren gab es nur Leberkäs. Immerhin konnte ich mir eine Breze sichern, wir Vegetarier haben es nicht immer leicht. Von einem Heizungs- bzw. Kundendienstmonteur hat man scheinbar immer noch das Klischee im Sinn, dass eine fettige Leberkässemmel zum Alltag gehört.

Ich bin schließlich mit Informationen vollgepumpt und leerem Magen heimgekommen, wo ich mich über das leckere, vegetarische Abendessen mit meiner Cornelia sehr gefreut habe.

11. Mai 2023

Bei Familie Scheppert aus Großaitingen ist es seit Dienstag kalt. Wegen unserer Schulung kann ich erst heute, am Donnerstag, zur Störungsbeseitigung an ihrem Gaskessel fahren. Da ihre Solaranlage weiter in Betrieb war, haben sie wenigstens noch warmes Wasser. Da es einen Wartungsvertrag für die Anlage gibt, führe ich gleich eine komplette Wartung mit Störungsbeseitigung durch. Schepperts sind beide Rentner und beim Ratschen stellt sich heraus, dass beide Probleme mit ihren Augen haben. Eine Augenoperation beim einen und tägliche Augentropfen bei der anderen führen dazu, dass beide nicht Auto fahren dürfen. Das führte dazu, dass ich Frau Scheppert von Großaitingen nach Bobingen mitnehmen musste, wo sie einen Augenarzt-Termin hatte. Ich hätte das auch ohne Trinkgeld gemacht, habe mich dann aber doch über das Trinkgeld gefreut.

Später musste ich noch zu Familie Lampper nach Lagerlechfeld. Dort steht eine Raddotherm-Anlage im Keller, die von unserer Firma installiert wurde. Nach einem Besitzerwechsel des Hauses wurde die Heizung kurzzeitig von einer anderen Heizungsfirma betreut. Die bauten dann innerhalb kürzester Zeit 3 falsche Warmwasser- und Solarpumpen ein. Hocheffizienzpumpen auf einen drehzahlgeregelten Ausgang, das passt nicht immer zusammen. Der ganze Umbau (Solarpumpe war zu klein ausgelegt), durchgeführt von Norbert und Momo sowie meine Elektro- und Umprogrammierarbeiten dauerten 4 Stunden pro Mann. Dazu kommen noch Materialkosten für Solarpumpe und 2 Spannungswandler. Viel Geld, das man sich hätte sparen können.

Das Experiment mit einer anderen Heizungsfirma, die keine Raddotherm-Anlagen betreut und sich damit nicht auskennt, ist da mal richtig in die Hose gegangen.

12. Mai 2023

Bei Herrn Laible aus Leitershofen muss man an der neu installierten Heizungsanlage noch ein paar Regelungsparameter umstellen. Herr Laible ist Ingenieur und so jemand, der meint, alles zu können; so wie es die meisten anderen Ingenieure auch von sich denken. Er hat die komplette Elektroinstallation an der etwas komplexeren Anlage selber durchgeführt und so sieht die Installation dann auch aus. Kreuz und quer hängen die provisorisch angeklemmten Leitungen im Raum. Er behauptet natürlich, das sei alles nur ein Provisorium und werde noch richtig schön und vorschriftsgemäß angeklemmt. Diesen Satz habe ich schon so oft bei anderen provisorischen Baustellen gehört, wo dann auch nichts mehr passiert ist. Her Laible ist eigentlich ganz nett, aber er ist halt ein Ingenieur …

Am späten Vormittag habe ich noch einen Wartungstermin bei Familie Paschka in Königsbrunn. Herr und Frau Paschka sind beide ganz nett und weit über 80 Jahre alt. Ich war bei den Paschkas bereits vor einigen Wochen wegen einer Störung. Die beiden waren ganz zufrieden mit meiner Arbeit. Kaum im Heizungsraum angekommen, fragt mich Herr Paschka, was er mir zu Trinken bringen darf. Er bietet mir Bier, Schnaps und Wein an, nur Champagner habe er momentan nicht vorrätig. Schade, mir wäre heute nach Champagner gewesen, den er aber leider nicht da hat. Ein bisschen Spaß lockert die Atmosphäre immer auf.

Bei uns Monteuren ist Alkohol während der Arbeit absolut tabu. Wir sind jeden Tag auf der Straße unterwegs und können und wollen da kein Risiko eingehen. Privat schaut das natürlich ganz anders aus, da geht gerne mal ein Bier oder auch mehrere … Auch ein gutes Glas Rotwein würde ich niemals ablehnen.

15. Mai 2023

Wie so oft werden am Montagmorgen die Fußballergebnisse vom Wochenende diskutiert. Mein FC Augsburg hat in Bochum 2:3 verloren, Simons Schalker haben beim FC Bayern 0:6 verloren. Simon ist natürlich auf die Augsburger gar nicht gut zu sprechen, da sie gegen einen direkten Abstiegskonkurrenten von Schalke 04 Punkte abgegeben haben. Ich bin der Meinung, wer selbst 0:6 verliert, braucht gar nicht über andere zu schimpfen. 0:6 ist schon peinlich.

Als ersten Termin habe ich heute Kundschaft aus Stadtbergen, die seit der Inbetriebnahme ihres Pelletkessels im Dezember schon 4 Tonnen Pellets verbraucht haben. Die Familie hat uns in Mails gedroht, sich an den Hersteller Bargassner zu wenden, wenn wir nicht schnellstmöglich erscheinen. Ich fahre mit einem schlechten Gefühl dorthin, dass es am Montagmorgen schon wieder mit heftigen Diskussionen losgeht. Es war dann aber halb so wild. Einige Parameter an der Heizungsregelung wurden von mir sparsamer eingestellt und der Kunde machte mir einen zufriedenen Eindruck.

Später im Büro zeigt mir der Chef am PC die neuesten Diagramme der Laible-Anlage in Leitershofen. Herr Laible hat Samstagabend um 23.30 Uhr eine E-Mail mit den neuesten Beobachtungen an seiner vor Kurzem eingebauten Heizung gesendet. Bei mir könnte das Samstagabend-Fernsehprogramm nie so schlecht sein, dass ich ersatzweise den ganzen Abend im Heizungskeller sitze und meine Heizung beobachte. Aber Herr Laible hat mir ja schon erzählt, dass seine Heizung für ihn so etwas ist wie für andere ihre Eisenbahn …

16. Mai 2023

Der Chef ist ab heute für eine Woche im Urlaub. Dann ist im Betrieb alles noch entspannter als es eh schon ist.

Ich muss heute bei Familie Förstel aus Holzhausen bei Gablingen die Elektroinstallation an der neuen Pellet- und Pufferheizung ausführen. Die Anlage muss zumindest morgen Abend provisorisch laufen, da am Donnerstag Feiertag ist und ich meinen freien Freitag nicht opfern werde. Also muss ich richtig Gas geben, damit Heizung und Warmwasserbereitung morgen in Betrieb gehen können. Das Pelletsacksilo ist noch nicht befüllt – das heißt für uns, dass wir den Pelletkessel mit Sackware befüllen müssen. Meine Arbeiten kommen gut voran und ich komme einigermaßen pünktlich in den Feierabend.

Halt! Stopp! Ich habe bei meinem Plan unseren Otto nicht berücksichtigt. Auf der Rückfahrt von der Gablinger Baustelle ruft mich Meister Donald vom Büro aus an, dass Otto dringend Hilfe braucht. Er hat gerade ein Elektrokabel angebohrt und nun gibt es in der ganzen Wohnung keinen Strom mehr. Hilft ja nichts, dann muss ich halt noch auf Ottos Baustelle in Königsbrunn.

Auf der Baustelle beschimpfe ich ihn, wie es bei uns in solchen Fällen üblich ist, als alten Pfuscher. Matze will Otto schützen und gesteht, dass er das Kabel angebohrt hat. Mir macht es aber mehr Spaß, den Bauobergesellen Otto zu schimpfen und so muss sich Otto von mir weiteren Tadel anhören, weil er mir meinen pünktlichen Feierabend versaut hat. Schließlich bricht Otto das Kabel mit dem Bohrhammer frei und ich flicke es mit Klemmen provisorisch. Eine schwierige Aufgabe, da das Kabel ohne Schutzrohr in der Betondecke verlegt ist. Ich werde den Kabelreparaturauftrag an Herbert vom Elektro Knüller weiterleiten. Für solche Arbeiten habe ich im Moment überhaupt keine Zeit.

17. Mai 2023

Nachdem Ferdinand seit letztem Donnerstag krank ist und Sören sich gestern krankgemeldet hat, kommt heute auch noch Momo auf die Krankenliste.3 Kranke in unserem kleinen Betrieb bringen so einiges durcheinander.

Ferdinand hat zusammen mit Sören die Baustelle in Holzhausen/Gablingen begonnen. Als Ferdinand sich krankgemeldet hat, übernahm Sören das Kommando auf der Baustelle. Jetzt, wo auch Sören krank ist, wird Theo zum 3. Baustellenleiter befördert. Der Lehrling Momo, den er heute zur Hilfe mitbekommen hätte, fällt ja auch wegen Krankheit aus.

Die Heizung sollte diese Woche fertig werden. Aber mit nur einem Heizungsmonteur an der neuen Heizungsanlage geht halt nicht so viel. Als dann der Hausherr, Herr Förstel, zu Recht einiges beanstandet und eine Behebung der Mängel verlangt, für die Theo gar nichts kann, platzt Theo der Kragen. Er schimpft über die vielen Kranken. Zu Recht, denn bei uns sind immer die Gleichen krank, mit entsprechend vielen Krankheitstagen. Ich denke mir auch immer, dass das für viele eine zusätzliche Auszeit ist, um ein paar Tage auszuruhen. Auch auffällig, dass es immer die jüngeren Mitarbeiter sind, die sich oft krankmelden. Wir Alten, wie Simon und ich, oder die Mittelalten, wie Otto und Theo, sind so gut wie nie krank.

Es ist dann aber erfreulich, dass wir mit der Anlage in Holzhausen/Gablingen in Betrieb gehen können und so weit alles funktioniert. Jetzt sind für mich aber erst einmal 4 Tage frei und diese Erholung brauche ich dringend und freue mich darauf.

22. Mai 2023

Nach dem 4-Tage-Wochenende geht es heute leider schon wieder los. Es war eher ein Aktivwochenende als ein Erholungswochenende. Am Freitag war ich in den Ammergauer Bergen beim Wandern und abends mit meinen Stammtischfreunden Andi, Marlena, Harald und Sabine beim Italiener in Bobingen. Am Samstag ging es mit meiner Cornelia zum Kabarettisten Maxi Schafroth ins Kaminwerk in Memmingen. Und am Sonntag war ich noch mit meinem Lieblingsschwager Markus beim Fußballspiel FC Augsburg – Borussia Dortmund, das wir Augsburger leider mit 0:3 verloren haben. Nach dieser Niederlage ist die Montagmorgenstimmung also leicht gedrückt. Auch Simon geht es nicht besser nach dem enttäuschenden 2:2 von Schalke 04 gegen Eintracht Frankfurt – jetzt sind die Schalker so gut wie abgestiegen.

Heute Morgen muss ich noch mal zu Familie Förstel nach Holzhausen, um die restlichen Elektroarbeiten zu erledigen. Es klappt und läuft alles – das ist auch mal schön.

Als Nachmittagstermin habe ich heute Herrn Laible aus Leitershofen. Er hat ja dem Chef per E-Mail mitgeteilt, dass er mit der Temperaturdurchmischung in seinem Pufferspeicher bei Kesselladung nicht einverstanden ist. Als ich pünktlich zum Termin bei ihm an der Haustüre stehe, will er mich zunächst nicht reinlassen, da seine geschäftliche Telefonkonferenz noch nicht zu Ende ist und er alle meine Einstellungsveränderungen sehen will. Ich drohe mit Abfahrt und schwups bin ich auch schon im Heizungsraum … Herr Laible fragt mich noch nach meinem Plan. Ich teile ihm mit, dass ich keinen Plan habe und einfach bestimmte Einstellungen austesten muss. Er ist sehr skeptisch, was mir jedoch wurscht ist. Ich bemerke dann noch einen sehr bequemen Polsterstuhl vor der Heizungsregelung, auf dem Herr Laible seine Nächte vor der Regelung zur Beobachtung verbringt. Nach dem Verstellen einiger Parameter geht es in den wohlverdienten Feierabend.

23. Mai 2023

Natürlich fragt mich der Chef heute Morgen als erstes, wie es bei Herrn Laible geklappt habe. Ich liefere einen kompletten Bericht ab. Angefangen damit, dass mich Herr Laible gar nicht ins Haus lassen wollte, bis hin zu sämtlichen Parametern, die ich eingestellt habe.

Ich möchte dann vom Chef wissen, ob Herr Laible heute Nacht schon wieder eine Beschwerde-E-Mail geschrieben habe, weil irgendeine Temperatur im Speicher nicht seinen Vorstellungen entspreche. Noch sei keine E-Mail von ihm gekommen, antwortet der Chef. Der meint, er habe anhand von Diagrammen, die er auf seinem PC sehe, weil er Fernzugriff auf Herrn Laibles Anlage habe, bereits gesehen, dass meine neuen Einstellungen gar nicht ganz schlecht seien. Verrückte Welt, ich bin auf der Baustelle mit dem Einstellen der Regelung beschäftigt und zeitgleich kann mein Chef meine Arbeit vom Büro aus kontrollieren …

Am späten Vormittag fahre ich zu Familie Ferner aus Bobingen, die gestern im Büro angerufen hat, weil ihre Gaskosten sehr schnell und hoch gestiegen sind. Abgesehen davon, dass Gas einfach teuer geworden ist, vereinbaren wir einen Kundendienst an der Heizung.

Das Puderlos-Gasbrennwertgerät wurde 2018 von uns neu installiert und hat seitdem keinen Kundendienstmonteur von unserer Firma gesehen. Dementsprechend sieht es dann auch aus. Ich bin 2,5 Stunden mit dem Kundendienst beschäftigt; bei einer Heizung, an der der Kundendienst jährlich durchgeführt wird, braucht man ungefähr 1,5 Stunden. Neue Zündelektroden, eine neue Überwachungselektrode, eine neue Gasdichtung und Granulat für die Nachfüllstation müssen eingebaut werden. Unglücklicherweise hat der Kunde die Heizung wohl versehentlich auf Handbetrieb laufen lassen. Das alles erklärt den hohen Gasverbrauch und die hohen Gaskosten.

Die Anlage Ferner ist ein eindeutiges Beispiel dafür, dass ein jährlicher Kundendienst sehr sinnvoll sein kann ...

24. Mai 2023

Frau Motterbrod aus Bobingen möchte, dass ihr Heizungskundendienst immer von mir durchgeführt wird. So auch in diesem Jahr. Frau Motterbrod hat eine Wohnung in Wasserburg am Bodensee und das Haus in Bobingen, ihr Elternhaus.
Gefühlt ist sie schon jahrelang damit beschäftigt, ihr Elternhaus zu entrümpeln und leerzuräumen. Auch beim heutigen Kundendienst an ihrer Heizungsanlage schaut es im Keller genauso zugestellt und voll aus wie die Jahre zuvor. Ich wollte Frau Motterbrod, die als Lehrerin gearbeitet hat und jetzt im Ruhestand ist, ehrenamtlich für unseren Rumänienverein gewinnen. Da sie mich mit dem Argument »zuerst muss ich das Elternhaus ent-

rümpeln«, vertröstet, habe ich wenig Hoffnung, dass sie sich jemals für uns engagieren wird.

Sie möchte sich auch noch ein Angebot über den Austausch ihrer Gasheizung durch unsere Firma machen lassen. Ich gebe ihr zu verstehen, dass die Hersteller mit der Produktion von Öl- und Gaskesseln nicht nachkommen und es daher fraglich ist, ob sie in diesem Jahr überhaupt noch einen Gaskessel bekommen kann.

Heute Nachmittag geht es zur altbekannten Wärmepumpenbaustelle Mögele nach Thannhausen. Das Internet und die Solarwärmemengenzählung funktionieren nicht, dafür läuft die Wasserpumpe ohne Pause durch, was natürlich auch nicht geht. Zunächst mal schimpft der Hausherr über unseren Elektriker Herbert, der angeblich einiges falsch angeschlossen und ein Netzwerkkabel beschädigt hat. Einen Teil der zu erledigenden Aufgaben bekomme ich selber gut hin. Beim Umprogrammieren der Raddotherm-Regelung hilft mir die Raddotherm-Hotline. Heute habe ich Herrn Labermeier am Telefon. Der Mann ist für uns »Gold wert«. In kürzester Zeit kann ich aufgrund seiner telefonischen Anweisungen die Regelung umprogrammieren. Funktionstest und Fühlerkontrolle vor den Augen des Kunden geben mir das gute Gefühl, dass unser Bereitschaftsdienst am kommenden Wochenende nicht nach Thannhausen fahren muss.

Herr Mögele bringt mir noch Kaffee und Kekse, was bedeutet, dass er mit meiner Arbeit zufrieden ist.

25. Mai 2023

Als ich heute Morgen im Betrieb ankomme und meinen üblichen Weg über das Lager zum Büro hochgehe, muss ich mir einen Durchgang suchen. Das ganze Lager ist seit gestern mit Öl- und Gaskesseln zugestellt. Ich schaue mir die Lieferung etwas genauer an und stelle fest, dass unter der gesamten Anlieferung keine einzige Wärmepumpe ist. Dank unserer Regierung machen die Öl- und Gaskesselhersteller die nächsten Monate noch mal richtig gute Geschäfte. Bis diese Regierung dann mal endlich wieder abgewählt ist, wird das Öl- und Gaskesselgeschäft noch mal richtig hochgepuscht. Wenn man den Menschen einfach Zeit gelassen hätte, dann wäre sicher der eine oder andere auf eine Wärmepumpe umgestiegen. Dieses Hauruck-Gesetz bringt nur Frust und Ärger.

Der erste Termin heute ist bei Familie Reumeier in Oberottmarshausen. Frau Reumeier arbeitet bei der CWC-Hausverwaltung in Königsbrunn und hat heute frei. Unsere Firma führt für die CWC Wartungs- und Reparaturarbeiten aus. So sprechen Frau Reumeier und ich auch über ihren Arbeitsplatz. Sie berichtet mir, dass verschiedene Mieter immer unhöflicher und rabiater werden. Vor allem, wenn sich die Miete oder die Nebenkosten erhöht haben. Es kämen auch hin und wieder Drohungen mit absurder Gewaltankündigung. Aus diesem Grund haben sie am Eingang jetzt eine Kamera installiert. So können sie vorher kontrollieren, wen sie ins Gebäude lassen und wen nicht.

Die Nerven liegen scheinbar bei vielen Leuten blank. Wie wird das alles noch werden, wenn es mal richtig abwärts geht mit unserem komfortablen Leben?

30. Mai 2023

Nach den Pfingstfeiertagen sind noch einige aus unserer Firma im Urlaub. Der Chef mit Familie, Otto und Theo haben Glück mit ihrem Pfingsturlaub, weil das Wetter schön ist und auch schön bleibt. Fritz lässt sich für seine freien Tage keinen Urlaub abziehen, er macht krank.

Im Betrieb ist heute Morgen noch mal Fußball das große Thema, da am vergangenen Wochenende die letzten Entscheidungen gefallen sind. Der FC Bayern ist wieder deutscher Meister– ach, wie langweilig. Das Daumendrücken von 99,9 % der Gesamtbevölkerung, dass Borussia Dortmund deutscher Meister wird, hat nicht geholfen.

Unser FC Augsburg hat trotz schlechter Leistungen in den letzten 3 Spielen den Klassenerhalt geschafft. Unser Lehrling, der Hooligan Momo, war beim letzten Auswärtsspiel des FC Augsburg in Gladbach mit dabei. Was auch ganz deutlich in Fernsehausschnitten zu sehen ist. Bei den Bildern in der Sportschau war er auch nicht mehr ganz fit, er hat schlafend auf der Tribüne gesessen. Mein Lieblingsschwager Markus war übrigens auch mit dem FC Augsburg-Sonderzug in Gladbach, hat diesen Zug bei der Rückfahrt dann aber aus unbekannten Gründen verpasst ... Mein Schwager und Zugfahrten, da könntest du ein eigenes Buch schreiben.

Zum Arbeiten muss ich heute noch zu Familie Schmutzig nach Augsburg, wo ich die kompletten Elektroarbeiten ausführen muss. Norbert, Matze und Maik sind auch auf der Baustelle, wo es nach viel Arbeit ausschaut. In der frisch gestrichenen Wohnung, wo ich eine Funkraumregelung montieren muss, passiert mir ein Missgeschick. Mithilfe meiner Wasserwaage produziere ich ein paar schwarze Flecken an der weißen Wand. Ich putze dann mit feuchten Lumpen, so gut ich kann, damit es keine Reklamationen von der Kundschaft gibt.

Wir hören dann pünktlich auf, es macht sich doch bemerkbar, dass der Chef im Urlaub ist.

31. Mai 2023

Für den ersten Termin am Mittwochmorgen fahre ich zum Silner-Mietshaus in Königsbrunn. Bei Familie Seaca, deren Nationalität ich bisher noch nicht erfragt habe, wird mich ein unangenehmer, feuchter, schimmeliger Geruch im Heizungsraum erwarten. So wie vermutet, riecht es auch heute wieder ganz unangenehm. Ich vermute, der Geruch kommt daher, dass ständig Wäsche im Heizungsraum zum Trocknen aufgehängt wird und die Fenster geschlossen bleiben. Ein Hund bellt auch noch ständig im

Haus. Obwohl ich keine Hunde mag und bei Hunden automatisch das Schlechteste denke, kann der Hund diesmal wohl nichts dafür, dass es hier schlecht riecht. Der Kundendienst wird zügig und schnell erledigt, damit ich wieder nach draußen an die frische Luft komme.

Danach fahre ich wieder zur Schmutzig-Baustelle nach Augsburg. Norbert, Matze und Lehrling Maik sind bereits auf der Baustelle. Herr Schmutzig spricht mich wegen der Flecken auf der weißen Wand an. Er vermutet, die Flecken kämen von schmutzigen Händen. Ich zeige mich reumütig und gebe das Missgeschick gleich zu. In diesem Fall gibt es nichts zu beschönigen und ich verspreche ihm, dass ich bei den restlichen Arbeiten besser auf der weißen Wand aufpasse. Auch einem alten, erfahrenen Monteur passieren noch Fehler. Die restlichen Raumgeräte montiere ich dann noch gewissenhaft und ohne weitere Flecken auf der weißen Wand.

Heute fahren wir 4 Monteure überpünktlich von der Baustelle zur Firma zurück. Mit der gemeinsamen Begründung, dass der Chef im Urlaub ist. Doch unser Vorhaben, heute pünktlich nach Hause zu kommen, scheitert nach wenigen Minuten auf der B17 (Bundesstraße 17). Nach einem unfallbedingten Stau müssen wir sehr lange warten.

1. Juni 2023

Wegen Materialrückstandes kann ich heute auf der Baustelle Schmutzig nicht weitermachen. Verschiedene Teile haben zurzeit wieder lange Lieferzeiten und somit verzögert sich die ein oder andere Baustelle. Ich plane um und möchte heute einige Kundendienste erledigen.

Unter anderem bin ich heute bei Familie Schwarte in Königsbrunn. Die beiden Rentner sind so um die 80 Jahre alt und immer ganz besorgt, dass alles funktioniert. Falls dann etwas nicht funktioniert, muss es aber ganz schnell wieder gerichtet werden. Frau Schwarte weist mich darauf hin, dass die Regler-Einstellungen, die ich beim letzten Kundendienst etwas hochgestellt habe, gut gepasst haben. Ich solle dort nichts verstellen. Herr Schwarte, der beim Gespräch dabei war, weist mich 10 Minuten später darauf hin, dass seine Frau keine Veränderungen an der Regler-Einstellung haben will. Hatten wir doch gerade erst besprochen … Nicht nur Rohrleitungen können verkalken, das kann auch bei Personen passieren.

Der Heizungsraum bei Familie Schwarte ist relativ eng, Herr und Frau Schwarte suchen sich ihre Plätze vor dem Heizungsraum. Frau Schwarte sitzt auf einem Hocker vor dem Heizungsraum und Herr Schwarte liegt in einem Liegestuhl vor dem Heizungsraum. Irgendwann fängt Herr Schwarte im Liegestuhl an zu jammern, dass er Hunger und Durst habe. Ich denk mir nur: »Hallo, steh auf und hole dir was, du bist im eigenen Haus.«

Bei den beiden Rentnern sind viele Tage gleich und langweilig. Darum ist mein Heizungskundendienst eine willkommene Abwechslung in ihrem Alltag. Frau Schwarte war wohl wieder zufrieden mit meiner Arbeit und gibt mir eine Flasche Rotwein mit auf den Weg ins Wochenende …

5. Juni 2023

Nachdem der Chef, Otto und Theo noch im Urlaub sind und sich Simon und Maik krankgemeldet haben, ist unsere Personaldecke heute sehr dünn.

Ich möchte heute mehrere Kundendienste erledigen, sofern keine dringenden Reparaturen gemeldet werden. Unter anderem fahre ich heute zu Frau Layer nach Straßberg, um den Kundendienst an ihrem Gasbrenner zu erledigen. Frau Layer gibt gleich bei ihrem Auftragstelefonat an, dass sie mich zum Kundendienst haben will. Warum auch immer, ich weiß es nicht. Manchmal ist die Sympathie auch nicht beidseits. Frau Layer sitzt auch während des Kundendienstes vor dem Heizungsraum (das hatte ich doch erst letzte Woche bei Familie Schwarte in Königsbrunn) auf einem Hocker und sucht eine Unterhaltung mit mir.

Bei Frau Layer fällt mir auch heute auf, dass sie mit der gleichen Küchenschürze auf dem Hocker sitzt, die sie scheinbar jedes Jahr beim Heizungskundendienst trägt.

Aber auch heute komme ich zu dem Schluss, dass die Schürze so streng nach Schweiß und sonstigem Unangenehmen riecht, dass sie die Schürze vermutlich jeden Tag, das ganze Jahr über, trägt. Ich habe wirklich nichts gegen übergewichtige Menschen, jeder soll so leben wie er sich wohlfühlt. Aber wenn ich Frau Layer da so auf ihrem Hocker sitzen sehe, denke ich mir, das könnte auch ein überdimensional großer Fußball in alte Lumpen eingewickelt sein.

Heute komme ich zeitig ins Büro, da ich noch mit der Wiesenmann-Hotline wegen eines Zusatzmodules bei Familie Schmutzig telefonieren muss. Mein Zeitplan war richtig, denn ich bin dann, wie es beim Kesselhersteller Wiesenmann als C-Kunde üblich ist, eine halbe Stunde in der Warteschleife ...

6. Juni 2023

Da Simon sich für die ganze Woche krankgemeldet hat, muss ich heute Morgen einen Termin von ihm übernehmen. Familie Bengelhardt aus Königsbrunn ist gerade dabei, ihr Haus zu verkaufen und der Käufer möchte eine Bescheinigung haben, dass die Heizung ordnungsgemäß funktioniert. Als ich vor Ort in Königsbrunn bin, fällt es mir schwer, so eine Bescheinigung auszustellen. Die Gastherme ist über 20 Jahre alt und zum letzten Mal vor 10 Jahren von unserer Firma gewartet worden. Beim Überprüfen der Anlage bemerke ich ein defektes Ausdehnungsgefäß und mehrere defekte Stellantriebe in den Fußbodenheizungsverteilerkästen.

Frau Bengelhardt ist zwar sehr nett, aber ich muss ihr schon die Wahrheit sagen, dass die Heizung alt und nicht mehr funktionssicher ist. Der Kunde hat das Gefühl, dass der Käufer des Hauses wegen der alten Heizung den Verkaufspreis des Hauses noch drücken will. Ich erkläre Frau Bengelhardt noch mal, dass die Heizung aufgrund des Alters und des Besitzerwechsels des Hauses erneuert werden müsse. Der Zeitpunkt für einen Heizungstausch sei beim Besitzerwechsel optimal, da das Haus dann vorübergehend leer stehe und eh renoviert werden müsse.

Wir einigen uns, dass auf dem Arbeitsbericht stehe, dass ich eine Abgasmessung durchgeführt habe und die Abgaswerte in Ordnung seien. Auf dem Arbeitsbericht wird weder eine Wartung noch ein ordnungsgemäßer Zustand der Heizung bestätigt. Manchmal steht man als Kundendienstmonteur zwischen dem, was die zahlende Kundschaft wünscht, und dem, was sinnvoll und richtig ist.

7. Juni 2023

Aufgrund der Wahnvorstellungen unserer Regierung treten inzwischen die ersten Notfälle mit Konfliktpotential ein. Frau Borster aus Königsbrunn hat heute Morgen angerufen, weil sie eine laute Verpuffung im Heizungskeller hatte. Ich fahre dann gleich als erstes zu Frau Borster.

Frau Borster ist keine Stammkundschaft von uns und lässt auch keine regelmäßige Wartung durchführen. Ich bin heute zum ersten Mal an der Anlage. An der Haustüre empfangen mich Frau Borster und ihr zotteliger Vierbeiner. Ich bitte Frau Borster, dass sie gut auf ihren Hund aufpassen möge und ich auch nicht mit ihm spielen wolle. Frau Borster hat verstanden und sperrt den Hund weg.

Im Heizungsraum schaue ich zunächst nach dem Baujahr der Maillant-Gasheizung und notiere das Baujahr 1996. Beim Überprüfen der Anlage bemerke ich ein nicht dicht schließendes Gasventil, defekte Zündelektroden, ein defektes Ausdehnungsgefäß und viel Schmutz in der Heizungsanlage. Nach fast 30 Jahren hat die Heizung ausgedient, zumal es momentan wieder schwierig ist, überhaupt noch lieferbare Teile zu bekommen.

Wie vor wenigen Wochen in unserer Monteursbesprechung vereinbart, werde ich eine Anlage mit einem nicht mehr dichtschließenden Gasventil stilllegen und dies mit Fotos dokumentieren. Da aufgrund der Panik, die unsere Regierung verursacht hat, dieses Jahr schon alle Gaskessel verplant sind und nichts mehr lieferbar ist, hat Frau Borster natürlich ein großes Problem. Sie hat somit momentan kein warmes Wasser und keine Heizung. Das kann sich jetzt über Monate so hinziehen, bis wir von irgendwoher die Möglichkeit haben, einen Kessel zu bekommen. Das ist heute aber nur der Anfang vom großen Chaos, das uns das ganze Jahr hindurch begleiten wird ... Dank unserer Regierung.

9. Juni 2023

Nachdem ich gestern bereits Bereitschaftsdienst hatte und auch das kommende Wochenende Dienst habe, werde ich heute arbeiten gehen. Es ist heute auch notwendig, weil Familie Schmutzig am Wochenende wieder Warmwasser in dem Mehrfamilienhaus in Augsburg haben will. Also geht es heute zur Baustelle in Augsburg–Göggingen. Dort bin ich heute nicht allein, auch Theo, Fritz, Norbert und Lotte sind vor Ort.

Bei mir geht es heute hauptsächlich um die Inbetriebnahme der Raddotherm-Regelung mit der Einbindung des Wiesenmann-Vitocrossal-Brennwertgerätes und dessen separater Regelung. Für die Einbindung der Wiesenmann-Regelung ist wieder ein spezielles Modul erforderlich, das ich bestellt hatte und auch dabei habe. Bei dieser Arbeit an Wiesenmann-Regelungen mit Modulen hat man immer vorher schon ein schlechtes Gefühl. Zu oft ist bei dieser Arbeit und beim Programmieren der Regelung etwas schiefgelaufen. So, dass man in der entstehenden Notlage die Wiesenmann-Hotline benötigt. Oh, was für ein Alptraum!!
Bei diesem Szenario ist natürlich der pünktliche Feierabend in Gefahr. Das Problem wäre nicht nur die Wiesenmann-Warteschleife, sondern, dass ich nicht mal in die Warteschleife reinkomme. Meine Handynummer ist bei Wiesenmann nicht hinterlegt und somit fliege ich ohne Wartezeit aus der Leitung.

Aber heute scheint mein Glückstag zu sein. Problemlos und ohne großen Aufwand bekomme ich die Anlage zum Laufen. Auch von Fritz bekomme ich ein unerwartetes Lob. Er findet meine Elektroinstallation optisch sehr gelungen. Eine Anerkennung deiner Arbeit durch einen jungen Kollegen ist ja auch mal was Schönes.

Am Wochenende habe ich nicht nur Bereitschaftsdienst, sondern ich muss mich auch noch komplett um den Haushalt und die Blumen kümmern, da meine Cornelia am 29. Mai Oma geworden ist und sie seit Mittwoch bei ihrer Tochter hilft. Die Kleine heißt Lilli und meine Frau hat große Freude, endlich Oma zu sein. Besonderes Augenmerk habe ich auf die Blumen gerichtet, die nach der letzten Abwesenheit meiner Frau nicht mehr so gut ausgesehen haben …

12. Juni 2023

Die Woche beginnt sehr erfreulich, es ist Montagmorgen und niemand ruft an oder meldet sich krank. Kurzzeitig zweifele ich an unserer Telefonanlage, die schon öfter mal Aussetzer hatte. Aber es bleibt dabei, sämtliche Mitarbeiter sind heute anwesend.

Als Erstes fahre ich heute zu Herrn Fanghans nach Bobingen. Herr Fanghans ist 84 Jahre alt und ist trotz der vielen Schicksalsschläge, die er schon erlitten hat, immer gut drauf. Ich komme mit ihm immer gut ins Gespräch und weiß daher, dass seine Frau schon vor längerer Zeit gestorben ist. Seine jetzige Lebenspartnerin ist schon jahrelang an Alzheimer erkrankt. Bei seinen vielen Besuchen wird er von seiner Lebenspartnerin nicht mehr jedes Mal erkannt. Außerdem ist Herrn Fanghans' Sohn an Krebs erkrankt. Aber mich freut es, dass er trotz dieser vielen Schicksalsschläge immer noch so positiv zum Leben eingestellt ist.

Kaum bin ich nach dem Kundendienst wieder zurück im Büro, bekomme ich auch schon eine Störung von Ulla aufs Auge gedrückt. Familie Golf-Burckhard aus Bobingen hat eine Überflutung des Heizungskellers gemeldet, verursacht vom Kaminkehrer Junggesellen. Als ich dann sofort losfahre und kurz danach im Heizungsraum der Familie Golf-Burckhard ankomme, treffe ich dort den jungen Kaminkehrer an. Der ist ganz verzweifelt und durcheinander wegen des Wasserschadens, den er verursacht hat. Es war dann aber nur eine kleine Reparatur für mich. Wie es aussieht, ist er im engen Heizungsraum an die Sicherheitsgruppe gerumpelt, wo sich dann eine Verschraubung gelockert hat und dadurch das Leck ausgelöst hat. Ich dichte das Rohr ab und überprüfe die Dichtheit der restlichen Heizung. In der ganzen Aufregung hat er die Speicherverkleidung auch noch teilweise abmontiert und bringt sie nicht mehr hin. Ich übernehme das und er ist ganz erleichtert, dass er das nicht hinzittern muss.

Ich rede sowohl der Kundschaft als auch dem jungen Kaminkehrer gut zu, dass so was halt mal passieren könne und dass es viel schlimmere Sachen gibt.

13. Juni 2023

Ab heute fehlt Meister Donald für 4 Wochen. Seine Frau bekommt ein Baby und er geht dann gleich mit in die Babypause. Das wird für unseren Chef wieder eine stressige Zeit werden. Er muss sich dann ganz alleine um Angebote, Bestellungen, Monteureinteilung und Kundenreklamationen kümmern. Leider ist seine Laune dann stressbedingt nicht immer ganz so gut.

Gestern hatte ich nach einer sehr schmutzigen Ölkesselwartung meine Arbeitsklamotten komplett gewechselt und heute Morgen steht eine Pelletkesselreparatur an. Das heißt für mich, dass ich mich danach wieder komplett umziehen kann. Mein Arbeitshosenvorrat neigt sich dem Ende zu. Diese Woche darf nicht mehr viel Schmutziges passieren.

Heute Nachmittag fahre ich noch mal kurzfristig auf die Schmutzig-Baustelle in Augsburg. Ich habe gestern noch mitbekommen, dass der Isolierer am Mittwoch oder am Donnerstag auf die Baustelle kommt, um die neuen Rohrleitungen zu isolieren. Wenn der Isolierer kommt, sollte meine Elektroinstallation fertig sein. Der Grund dafür ist, dass ich einige Fühler direkt an den Rohrleitungen befestigen muss. Wenn die Rohrleitungen bereits vor der Fühlermontage isoliert werden, muss ich die neue Isolierung aufschneiden und beschädigen, damit ich an das blanke Rohr komme. Ich habe heute im kühlen Heizungskeller zweifellos den besseren und angenehmeren Arbeitsplatz als meine Kollegen Theo, Norbert und Fritz, die heute bei diesen sommerlichen Temperaturen auf dem aufgeheizten Dach mit der Montage der Solaranlage beschäftigt sind.

Ich darf mich momentan in der Arbeit nicht zu sehr verausgaben, da meine Cornelia immer noch bei ihrer Tochter Jenni und der Enkelin Lilli beschäftigt ist. Das heißt für mich, dass ich den kompletten Haushalt nach wie vor alleine bewältigen muss. Außerdem zieht mein Kumpel Andi gerade zu seiner Freundin Marlena und da helfe ich beim Schränkeabbauen und -aufbauen.

14. Juni 2023

Bei den durchgehend warmen Temperaturen hält sich meine Freude am Morgen auf dem Weg zur Firma in Grenzen. Man soll ja nicht immer davon sprechen, dass früher alles besser war, aber diese Temperaturen habe ich früher besser vertragen. Bei der Wärme bin ich am Abend nach der Arbeit dann immer ganz schön geschafft. Da brauche ich dann meistens eine kurze Auszeit im Liegestuhl auf dem Balkon.

In der Früh habe ich eine Wartung an einer Ölbrennwertheizung bei Familie Zugler in Oberottmarshausen. Die Heizung wurde vor 3 Jahren von unserer Firma eingebaut. Ich kann mich noch gut daran erinnern, dass da Ferdinand in seiner Anfangszeit als selbstständiger Monteur mit eigenen Baustellen etliche Probleme hatte. Hätte mir damals jemand eine Wette angeboten, ob aus Ferdinand jemals ein guter Monteur wird, ich hätte ehrlicherweise nicht viel auf Ferdinand gesetzt. Doch inzwischen macht Ferdinand, soweit ich das beurteilen kann, seine Arbeit ganz ordentlich.

Am Nachmittag habe ich noch einen Wartungstermin bei Familie Bielefeld in Königsbrunn. Beide sind Rentner und betagt. Herr Bielefeld will von mir wissen, wie lange er seine Gasheizung noch behalten dürfe. Diese Unsicherheit haben zurzeit ganz viele Hausbesitzer.

Die ständig neuen Wasserstandsmeldungen, die von der Politik kommen und dass sich die regierenden Parteien aus SPD, FDP und Grünen mit dem anstehenden neuen Heizungsgesetz nicht einigen können, trägt zu der großen Unsicherheit und Verwirrung bei. Vorher beraten und dann beschließen, wäre der bessere Weg, als ständig neues Chaos und Verwirrung zu erzeugen. Wir sind oft schon mehr Energieberater als Kundendienstmonteure.

15. Juni 2023

Für den ersten Termin muss ich heute zu einer Wohnanlage in der Habsburgerstraße in Augsburg. Die Wartung ist fällig und die Heizung ist schon länger in einem schlechten Zustand. Die Regelung ist schon jahrelang defekt und es läuft somit alles auf Handbetrieb. Dementsprechend hoch ist natürlich der Gas- und Stromverbrauch. Wir haben von der zuständigen Hausverwaltung die Anweisung, nur noch Teile zu wechseln, wenn es unbedingt sein muss. Nachdem ich den verdreckten Wasserfiltereinsatz sehe, habe ich den Eindruck, dass dieser unbedingt gewechselt werden sollte. Ich drehe das Wasser ab und keine 30 Sekunden später steht die erste Dame mit einem Hilfeschrei nach fließendem Wasser im Treppenhaus. Ich bin genervt und entscheide mich doch dafür, dass der Wasserfilter ein Teil ist, das nicht unbedingt gewechselt werden muss. Der Wasserfiltereinsatz bleibt also.

Später treffe ich Tom beim Heizungsgroßhändler in Bobingen. Tom ist schon lange selbstständig und ist zusammen mit seinem Sohn die Firmenbelegschaft. Ich kenne ihn schon von früher vom Fußball her. Er war Stürmer beim TSV Bobingen II und ich war Verteidiger bei der SpVgg Langerringen. Da sind wir als Gegner schon häufig aufeinandergetroffen. Tom ist auch der beste Kumpel meines Lieblingsschwagers Markus. Es muss etwa 4 Jahre her sein, als Tom und ich mit den Spiegeln unserer Firmenfahrzeuge aneinandergerieten. Wir kamen uns auf der engen Hans-Sachs-Straße entgegen und winkten uns noch zu, dann machte es »wumm« und mein Außenspiegel war weggebrochen; Toms Außenspiegel war stabiler und blieb am Fahrzeug.

Wir kommen auf die 4-Tage-Woche zu sprechen, die ihm auch gut taugen würde. Aber das sind dann doch die Nachteile der Selbstständigkeit, dass du das Kürzertreten auch finanziell abfangen musst.

Am späten Nachmittag bin ich noch bei Frau Weihrauch in Graben, wo sich ein Nachbar über laute Pfeifgeräusche an der Abgasanlage beschwert. Er macht Homeoffice und ist von dem Pfeifen furchtbar genervt. Bei meiner Überprüfung bemerke und höre ich den Pfeifton, der aber nicht von der Heizung kommt, sondern von der Schwimmbadpumpe, die sich außerhalb des Hauses befindet. Somit ist unsere Heizung nicht das Problem der Geräuschbelästigung.

19. Juni 2023

Heute fahren Simon und ich zusammen in die Remboldstraße nach Augsburg. Dort ist eine Wohnanlage, in der wir 8 Gasthermen zu warten haben. Die 8 Wohnungen sind mit Wohngemeinschaften mit behinderten Menschen belegt. Die Gasthermen sind auf 4 Stockwerke verteilt. Das alte Gebäude hat noch keinen Aufzug. Bei der Hitze, die wir heute bekommen, wird jeder Weg vom

Auto bis hoch in den 4. Stock sehr anstrengend werden. Mittags gehen wir zusammen zu »Knolli's Backstube« und erholen uns von dem ganzen Treppengesteige. Für mich als Vegetarier gibt es Kaffee und ein süßes Teilchen. Für Simon gibt es Wasser und 2 fettige Leberkässemmeln. Dabei ist der Leberkäs dicker als das Brötchen drumherum, was selbst dem Leberkäsjunkie Simon zu viel ist ...

Die Kundendienste am Nachmittag kommen gut voran – in den uns zugängigen Wohnungen können wir alle Kundendienste erledigen. Kurz bevor wir zur Firma zurückwollen, rufe ich den Hausmeister Tölzmüller an, dass er seinen Zentralschlüssel bei uns abholen und die Wohnungen verschließen kann. Der Hausmeister Tölzmüller kommt aus Burching, wo auch unser Otto herkommt.

Unser Otto braucht für das Treppensteigen auch immer das Belohnungsprinzip (Süßigkeiten, Eis oder Kaffee und Kuchen). Hausmeister Tölzmüller schlägt mir vor, dass wir uns zur Schlüsselübergabe auf halber Strecke treffen, damit er nicht so weit herlaufen und vor allem keine Treppen steigen muss. Wie unser Otto!!! Die Burchinger sind scheinbar alle unsportlich und behäbig.

Als ich später ins Büro komme, bekomme ich mit, wie der Chef den krankgeschriebenen Momo am Telefon zur Schnecke macht, weil er sich schon wieder hat krankschreiben lassen. Ich mag Momo eigentlich ganz gerne, aber ich kann natürlich auch den Chef verstehen.

20. Juni 2023

Am frühen Morgen möchte der Chef von mir wissen, ob ich mit Frau von Britschen, der Chefin der St.-Josefs-Apotheke, schon einen Termin vereinbart habe. Frau von Britschen erkundigte sich die letzten Tage bei uns in der Firma, wann wir endlich kommen und unsere Arbeiten abschließen würden. Bei der St.-Josefs-Apotheke ist noch diese schreckliche »Heet-App« zu installieren. An der sind Simon und ich schon im März gescheitert. Ich verspreche dem Chef, dass ich heute wegen eines Termins zurückrufe. Mir graust schon heute, wenn es dann mal zur Ausführung des Termins kommt.

Am Vormittag muss ich bei Frau Trampp aus Bobingen auf das Dach zur Überprüfung des Kollektorfühlers. Der war dann auch tatsächlich defekt und die Blitzschutzdose war mit Wasser vollgelaufen und somit auch defekt. Die Anlage ist erst 2 Jahre alt und das Wasser in der Dose deutet eher auf eine schlechte Montage hin. Ich spreche mit dem Kunden nicht über Details der Reparatur, sondern lasse den Chef entscheiden, ob es auf Kulanz geht. Im ganzen Betrieb war kein Kollektorfühler auffindbar, so dass ein ganz einfacher Speicherfühler herhalten musste. Das geht im Notfall auch, der Speicherfühler hat die gleichen Widerstandswerte wie der Kollektorfühler.

Als ich wieder im Betrieb bin, bestelle ich als Erstes telefonisch bei Raddotherm 10 Kollektorfühler. Die freundliche junge Dame bei Raddotherm nimmt meine Bestellung auf und niest dann ganz heftig ins Telefon. Ich wünsche ihr »Gesundheit«. Sie lacht und bedankt sich. Ich ergänze: »Stecken Sie mich bloß nicht an.« Daraufhin lacht sie noch viel mehr.

Kurz vor Feierabend leiht sich Lehrling Maik von mir noch Elektrowerkzeug aus, das er für seine Gesellenprüfung benötigt. Ich gebe es ihm unter der Bedingung, dass er seine praktische Prüfung mit der Note »sehr gut« oder zumindest mit »gut« abschließt. Ich wünsche ihm für die Prüfung alles Gute.

Heute muss ich zeitig nach Hause, da ich immer montags und mittwochs mit dem Kochen dran bin. In diesen Tagen ist Cornelia in ihrer Firma in Peißenberg und kommt meistens sehr spät und geschafft nach Hause. Ich bin nicht der großartige Koch, aber meine Frau hat mein Essen bis jetzt noch immer gegessen. »Der Hunger drückt's rein.«

21. Juni 2023

Heute Morgen fahre ich mit so einem »Lustlos«-Gefühl in die Firma. Auch für heute sind wieder Temperaturen um die 30° Grad Celsius angesagt. Die Klimaerwärmung macht sich immer mehr bemerkbar. Mich schlaucht diese Hitze ganz arg und sie geht mir ganz schön an die Substanz. Nicht nur, dass während der Arbeit die Beine schnell müde werden, den kraftlosen Körper nehm ich auch mit in den Feierabend. Da wird das Verweilen im Liegestuhl der abendlichen Radtour vorgezogen.

Als ersten Termin habe ich heute eine Wartung am Pelletkessel der Familie Nurdas aus Bobingen. An der Anlage habe ich 2012 den Elektroanschluss installiert und die Inbetriebnahme des Pelletkessels durchgeführt. Seitdem läuft der Pelletkessel die ganzen Jahre problemlos durch. Ich habe auch heute das Gefühl, dass Familie Nurdas mit meinem inzwischen 11. Kundendienst an der Anlage ganz zufrieden ist. Ich werde gut mit Wasser, Kaffee und Keksen versorgt.

Am Nachmittag muss ich noch zu einem Dreifamilienhaus in Königsbrunn, das Dr. Zellner gehört. Da muss ich heute noch die Wartung am Ölkessel durchführen. Jedes Mal, wenn ich zu dem Dreifamilienhaus komme, muss ich daran denken, wie ich vor etlichen Jahren von dem Mieter Ehrlich an einem Sonntagvormittag während eines Bereitschaftswochenendes angerufen wurde. Er war ganz furchtbar aufgeregt am Telefon und berichtete von einem Wasserschaden in der Küche und dass er sich nicht mehr zu helfen wisse. Ich fuhr dann gleich los, um den Nervenzusammenbruch des Herrn Ehrlich zu vermeiden. Am Dreifamilienhaus in der Küche bei Herrn Ehrlich angekommen, war der Grund des Wasserschadens schnell ersichtlich. Der Küchenheizkörper war durchgerostet. Bevor ich mit meiner Arbeit begann, musste ich Herrn Ehrlich noch mal beruhigen. Ich habe den Heizkörper am Vor- und Rücklauf verschlossen. Anschließend den Heizkörper abmontiert und die Heizkörperanschlussleitungen mit 2 Kappen blindgeschlossen. Der defekte, entleerte Heizkörper stand noch in der Küche, als ich Herrn Ehrlich die Anweisung gab, sämtliche Heizkörper in der Wohnung zu entlüften, während ich im Keller Wasser nachfülle. Nach einer gewissen Zeit im Heizungskeller wollte ich schauen, ob bei Herrn Ehrlich beim Entlüften alles klappt. Als ich in die Küche komme, steht der gute Mann beim defekten, entleerten, abmontierten Heizkörper und probiert diesen verzweifelt zu entlüften …

22. Juni 2023

Am Vormittag habe ich eine Wartung und eine Reparatur zu erledigen. Zuerst ist bei Familie Teurer aus Königsbrunn die Wartung an ihrem atmosphärischen Gaskessel durchzuführen. Die einfach aufgebauten atmosphärischen Gaskessel sterben ja so langsam aus, da seit einigen Jahren nur noch der Einbau von Gasbrennwertgeräten erlaubt ist. Am atmosphärischen Gaskessel war und ist nicht viel Technik und es sind auch meistens nur robuste, einfache Teile im Kessel verbaut. Diese Art der Gaskessel lief dann oft jahrelang ohne Probleme durch. Auch für uns Kundendienstler waren die Kesselwartungen einfach und schnell zu erledigen.

Am späteren Vormittag muss ich bei Familie Taback aus Königsbrunn noch eine Störung beheben. Diese Störung hatte Traute in der »Craftnote-App« gemeldet. Da ich heute wenige feste Termine habe, übernehme ich diese Reparatur. An der Anlage ist die Störungsursache relativ schnell ersichtlich. Der Gaskessel zeigt im Display keine Kesseltemperatur an. Das bedeutet für mich, dass ich als Erstes mal den Kesselfühler erneuern werde. Das war es dann auch schon. Eine schnelle, einfache Reparatur – das ist auch mal schön.

Ich beschließe dann, dass ich kurzfristig zur Bucu-Baustelle in Wehringen rausfahre, wo Otto und Matze einen Raddotherm-Pufferspeicher und ein Puderlos-Brennwertgerät eingebaut haben. Ich muss dort die nächsten Tage die Elektroarbeiten und die Inbetriebnahme durchführen. Am kommenden Mittwoch kommt »Erdgas Schwaben« zur Gaszählermontage, bis dahin sollte meine Elektroinstallation fertig sein. Heute ist der heißeste Tag des bisherigen Jahres, die Temperaturen werden auf fast 35°Grad Celsius steigen. Auch ohne Thermometer kann man den heißesten Tag eindeutig fühlen. Als ich in der Mittagszeit auf der Baustelle eintreffe, liegt Otto völlig fertig von oben bis unten durchgeschwitzt im Schatten. Er muss heute auf dem Dach Vorbereitungen für die Montage der Solaranlage durchführen.

Wir sind dann alle sehr froh, dass wir an diesem extremen Hitzetag pünktlich um 16.15 Uhr Feierabend machen können.

26. Juni 2023

Auf meinem Schreibtisch im Büro steht heute Morgen so manches Material, dass ich bestellt hatte und das nun angeliefert wurde. Was ich aber auf dem Schreibtisch erwartet habe und heute ganz dringend brauche, kann ich nicht finden. Das Elektrowerkzeug nämlich, das ich Maik letzte Woche für seine Gesellenprüfung ausgeliehen habe und das ich heute ganz dringend für die anstehende Elektroinstallation brauche.

Ich mache mich dann auch sofort auf den Weg nach unten in die Werkstatt, um Maik zur Rede zu stellen. Am Anfang frage ich ihn noch recht freundlich, wie seine Prüfung gelaufen ist. Es kommt die kurze Antwort: »Gut.« Dann kommt meine kurze Frage nach dem geliehenen Werkzeug. Er sucht dann »alibimäßig« in seiner Prüfungswerkzeugkiste, wobei ich schon sehr schnell erkenne, dass meine Zangen nicht in der Kiste sind. Ich gebe Maik zu verstehen, dass sich meine Zangen nicht in der Kiste befinden. Er rückt dann mit der Wahrheit raus, dass er meine Zangen an Lotte weitergegeben hat. Lotte hat scheinbar diese Woche eine Zwischenprüfung. Ich muss Maik dann leider etwas zurechtweisen, was eigentlich nicht mein Vorgehen bei Arbeitskollegen ist. Maik sieht dann aber sehr schnell ein, dass er einen Fehler gemacht hat und entschuldigt sich dann auch noch dafür. Somit ist die Sache dann auch für mich erledigt und ich fahre zum Heizungsgroßhändler Goldhorn in Bobingen und besorge mir neue Zangen.

Auf der Bucu-Baustelle in Wehringen ist heute außer Otto und Matze noch ein neuer Schnupperlehrling aus Königsbrunn mit dabei. Irgendwie kann ihn dann aber keiner von uns so richtig brauchen und er steht an diesem Tag lange Zeit einfach nur rum – was für ihn natürlich auch sehr langweilig ist. Aber als der Chef auf der Baustelle auftaucht, reagiert er gut. Auf die Frage vom Chef, wie es ihm gefalle, antwortet er: »Sehr gut und sehr interessant.«

27. Juni 2023

Simon ist ab heute für 2 Wochen im Urlaub, aber es sind zurzeit eh nicht so viele Kundendienstarbeiten zu erledigen.

Ich fahre heute wieder zur Familie Bucu nach Wehringen und bin dort für 2 Tage mit Elektroarbeiten beschäftigt. Außer mir sind die altbekannten Gesichter Otto, Matze und der Schnupperlehrling Bene auf der Baustelle. Während des Kaffeetrinkens diskutieren wir, welchen Pfusch von Kollegen man dem Chef oder der Kundschaft mitteilen muss. Oder was man verschweigen und vertuschen kann. Die Lehrlinge, die bei Dodo mitfahren, berichten davon, dass Dodo scheinbar ohne Not auch mal beim Chef oder bei der Kundschaft einen Kollegen hinhängt. Auf der Baustelle sind wir uns alle einig, dass man einen Kollegen nur im äußersten Notfall verpfeift.

Am Nachmittag treffe ich unseren Schnupperlehrling Bene erschöpft auf einem Stuhl sitzend im Keller an. Gestern hat er noch besser durchgehalten. Ein halber Tag auf der Schulbank ist dann halt doch was anderes, als den ganzen Tag bei dieser Hitze auf der Baustelle zu stehen.

Kurz vor Feierabend treffe ich Maik im Lager in der Firma an. Er muss noch Material aufräumen und entschuldigt sich noch mal für sein Missgeschick mit meinen Zangen. Die Sache ist bei mir schon lange abgehakt und vergessen.

Im Büro oben habe ich mit dem Chef noch was zu klären. Ich sollte laut Chef morgen zusammen mit »Erdgas Schwaben« bei Bucu die Gasleitung abdrücken und den Gaszähler montieren. Ich rede mich beim Chef mit der Begründung raus, dass ich mich mit dem digitalen Druckprüfgerät nicht auskenne und dass ich zu dieser Arbeit als Elektriker laut »Erdgas Schwaben« gar nicht berechtigt bin. Ist noch mal gut gegangen, Fritz soll morgen auf die Baustelle kommen und diese Arbeiten erledigen …

28. Juni 2023

Es wird heute ein Tag werden, an dem so ziemlich alles schiefläuft.

Los geht es in Wehringen bei dem Mietshaus der Familie Terr. Trotz vereinbartem Termin stehe ich vor verschlossener Haustür. Die Mieterin hat wohl den Termin vergessen. Ärgerlich, schon gleich die erste Stunde verschwendet.

Nächstes Ärgernis ist der Termin mit »Erdgas Schwaben« zum Gaszählereinbau bei Familie Bucu in Wehringen. Wir bekommen den Zähler nicht!! Diesmal sind wir als Fachfirma daran schuld und dafür verantwortlich. In der Gasleitung vor dem Gaszähler haben wir keinen Gasdruckregler eingebaut. Eigentlich Pfusch, ist jetzt aber halt einfach passiert. Der Monteur von »Erdgas Schwaben« fragt uns, wie das passieren konnte, wir hätten doch schon öfter Gasheizungen eingebaut. Ich sage dann zum Spaß: »Wir sind heute den ersten Tag in der Firma.« Der »Erdgas Schwaben«-Monteur kann darüber gar nicht lachen. Letztendlich müssen wir die Gasleitung umbauen und mit einem Gasdruckregler ausstatten. Danach können wir wieder einen neuen Montagetermin für den Gaszählereinbau bei »Erdgas Schwaben« beantragen.

Am heutigen Pannentag ruft mich Otto gegen 15 Uhr von der Bucu-Baustelle an und meldet mir einen Notfall, zu dem ich möglichst schnell rauskommen soll. Der Solaraufzug, der die Solarplatten auf das Dach befördern soll, geht nicht mehr. Ich fahre dann noch kurzfristig auf die Baustelle raus. Frage dann bei Otto und Matze noch mal nach, ob sie die Elektrospannung gemessen haben. Sowohl von Otto als auch von Matze kommt die einstimmige Bestätigung, dass überall Spannung anliege. Ich habe aber nach der heutigen Gaszählerpleite kein Vertrauen mehr in die Spannungsmessung von Otto und

Matze. Ich messe also selber nach und stelle einen Defekt an der Kabeltrommel fest. Schließlich beschimpfe ich Otto und Matze als »alte Pfuscher«.

29. Juni 2023

Ich treffe mich heute mit dem Chef bei Familie Kissal. Familie Kissal wohnt in Lagerlechfeld und hat vor 3 Jahren einen Bargassner-Pellet-Brennwertkessel von uns bekommen. Theo war damals der Baustellenleiter und ich habe die Elektroarbeiten und die Inbetriebnahme durchgeführt. Die Pellet-Brennwerttechnik wurde damals und wird auch jetzt noch eher selten eingebaut. Da stellt sich einfach immer die Kosten–Nutzen-Frage.

Mir war Herr Kissal damals schon nicht sonderlich sympathisch. Ich hatte ihn am Anfang meiner Elektroinstallation freundlich darauf hingewiesen, dass ich es nicht mag, wenn die Kundschaft die ganze Zeit neben mir steht und zuschaut. Ab und zu mal schauen und fragen ist für mich natürlich in Ordnung, aber eben nicht die ganze Zeit. Zusätzlich hat er noch die ganze Zeit Pfeife geraucht. Meine Bitte hat ihn nicht sonderlich interessiert und er hat sie mit der Begründung abgelehnt, dass er neugierig und wissbegierig sei. Damals dachte ich mir, dass das die typischen Berufssoldaten sind, die aus lauter Langeweile den Handwerkern beim Arbeiten zusehen wollen. Die Berufssoldaten gehen mit 55 Jahren in Pension und wir Handwerker sollen nach den Vorstellungen einiger

Politiker bald bis zum 70. Lebensjahr arbeiten. Meine Konsequenz gegenüber Herrn Kissal war, dass ich nicht mehr zu den Reparaturen und Wartungen an seine Anlage gefahren bin. Da habe ich Dodo hingeschickt.

Herr Kissal hat in der Zwischenzeit seinen Pellet-Brennwertkessel auf einen Pelletkessel ohne Brennwert umbauen lassen. Ich soll heute noch einige Umprogrammierungen vornehmen. Der Grund für den Umbau war, dass die Spüleinrichtung, die das Brennwertteil des Kessels bei jedem Kesselstart spült und reinigt, 60 bis 80 Liter Wasser am Tag benötigt. Nun möchte Herr Kissal die 2.500 Euro, die das Brennwertteil gekostet hat, ersetzt haben und droht uns gleich mit einem Rechtsanwalt. Seine Begründung ist, dass 60 bis 80 Liter zusätzlicher Wasserverbrauch ökologische Verschwendung sei. Angeblich habe ihm das keiner vorher mitgeteilt. Ich zeige ihm dann gleich die Stelle in der Bedienungsanleitung, wo das geschrieben steht. Dann bringe ich das Gegenargument, dass eine Wärmepumpe unendlich viel Strom braucht und somit ebenso eine ökologische Verschwendung ist. Der neben mir stehende Chef verkneift sich das Lachen und Herr Kissal ist erstmal sprachlos …

30. Juni 2023

Die Smart-Home-Haustechnik schreitet immer weiter voran. Steuerung und Programmierung über das Internet gehören für viele Technikfreaks zum Alltag.

So auch heute Morgen bei Herrn Krosche in Augsburg. Bei der Terminvereinbarung am gestrigen Donnerstag teilte mir Herr Krosche mit, dass er am Tag des Kundendienstes nicht zu Hause sei, ich aber trotzdem zum Kundendienst kommen könne. Ich als einer der älteren Jahrgänge dachte natürlich an den Schlüssel unter der Fußmatte. Herr Krosche gab mir die Anweisung, dass ich, wenn ich vor der Haustüre stehe, ihn anrufen solle. Ich folgte natürlich seiner Anweisung und wählte seine Nummer, als ich vor dem Hauseingang stand. Wir sprachen nochmals kurz über die Heizung und anschließend öffnete sich wie von Geisterhand gesteuert die Haustüre. So läuft das heutzutage mit der Smart-Home-Technik, nur wenn der Strom mal ausfällt, geht halt gar nix mehr.

Am heutigen Freitag bin ich ja im Betrieb, weil mein Bereitschaftswochenende ansteht. Es müssen heute alle Firmenfahrzeuge wegen eines Hagelschadens auf dem Betriebsgelände zur Begutachtung stehen. Auf Anweisung des Chefs müssen alle Autos vorher noch gewaschen werden. Ob diese Anweisung, heute bei strömendem Regen, viel Sinn macht, ist eine andere Frage. An der Waschanlage brauche ich dann auch nicht lange zu warten, denn ich bin zu dieser Zeit der Einzige, der bei Regen sein Auto abspritzt.

Ich bin mal gespannt, ob an diesem Wochenende bei meinem Bereitschaftsdienst was los ist. Bei meinen letzten Bereitschaftsdiensten war es auf jeden Fall immer sehr ruhig. Kurz vor Feierabend erzählt mir Dodo von einer

Problemanlage in einer Wohnanlage in der Donaustraße in Bobingen, wo die Zirkulation vom Warmwasser nicht funktioniert. Da bin ich mal gespannt, ob ich nicht an diesem Wochenende etliche Stunden in der Donaustraße verbringen werde.

Am Wochenende ist Cornelia wieder zum Babydienst bei ihrer Tochter in Lichtenwald bei Esslingen. Ich kann ja wegen der Bereitschaft nicht so weit weg und treffe mich mit meinen ehemaligen Klassenkameraden Andreas, Günther M., Günther G., Toni, Jürgen, Robert, Leo und Herrmann im Steakhaus in Langerringen. In dieser Zusammensetzung ist ein netter, lustiger Abend gesichert.

3. Juli 2023

Nach dem ruhigen Bereitschaftsdienst-Wochenende geht es auch am heutigen Montag sehr ruhig weiter. Bei Familie Höhler in Königsbrunn geht der anstehende Handentlüfterwechsel am Tolvis-Kessel so schnell, dass ein Kaffeeangebot von Herrn Höhler zu spät kommt, da ich mit meiner Arbeit schon fertig bin.

Es ist erst kurz nach 8 Uhr und zum zweiten Termin bei Familie Randgraf aus Bobingen soll ich erst kurz vor 10 Uhr kommen. Unsere Sekretärin Traute gibt über die »Craftnote-App« noch 2 Störungen durch. Ich übernehme eine Störung und kann somit die Lücke bis 10 Uhr ausfüllen. Die Störung bei Dr. Boppa in Steppach ist mit wenig Arbeit verbunden. Es ist kein Gasanschlussdruck vorhanden. Für den Anschlussdruck sind die Stadtwerke Augsburg zuständig, wo ich dann gleich anrufe, die Kontaktdaten durchgebe und um schnelle Behebung bitte.

Dann sorgt Familie Randgraf für etwas Chaos. Zunächst sagen sie telefonisch den heutigen Wartungstermin um 10 Uhr ab, weil sie einen anderen Termin haben. Ich muss somit kurzfristig etwas anderes ausmachen und rufe den Hausmeister Tölzmüller von der Caritas in Augsburg an. Der kann zur nahegelegenen Remboldstraße kommen und mir eine Wohnung aufschließen, wo noch ein Ausdehnungsgefäß zu erneuern ist. Kaum habe ich meine Arbeiten in der Remboldstraße begonnen, ruft mich Traute aus dem Büro nochmals an und berichtet mir vom neuesten Anruf der Familie Randgraf. Angeblich haben sie ihren anstehenden Termin jetzt abgesagt und ich soll doch zur Wartung kommen. Jetzt wird es mir mit dem Randgraf-Chaos dann doch zu viel. Ich instruiere Traute, den Randgrafs auszurichten, dass heute gar nix mehr geht, da jetzt die begonnenen Arbeiten in der Remboldstraße Vorrang haben.

Zwischendurch ruft auch noch Otto von der Bucu-Baustelle an. Er befindet sich auf der Suche nach dem Kollektorfühler, den er heute noch montieren will und will von mir einen Tipp haben, wo der sich befinden könnte. Ich nenne ihn erst mal einen Schlamper und gebe ihm einen Hinweis, wo der Fühler sein könnte. Falls er nicht auftaucht, sind wir beide der Meinung, solle er einen normalen Fühler montieren und wir beide hängen das nicht an die große Glocke …

4. Juli 2023

Simon ist diese Woche ja noch im Urlaub auf Kreta, obwohl man ihn auch in seiner Wohnanlage gut gebrauchen könnte. In dem Sechsfamilienhaus, in dem er seine Wohnung hat und in dem er nebenberuflich Hausmeister ist, bauen Theo und Fritz einen Raddotherm-»Ossi«-Schichtenspeicher mit entsprechender Regelung ein. Die Elektroarbeiten werden von einer Bobinger Elektrofirma erledigt und ich soll dann am Nachmittag nur noch zur Inbetriebnahme rausfahren.

»Nur noch« kommt dann oft ganz anders als man es vorher dachte. Als ich auf die Baustelle komme und den Firmenchef der Elektrofirma treffe, der die Elektroarbeiten selber durchführt, macht er einen sehr von sich überzeugten Eindruck. Auf meine Frage, ob alles geklappt habe oder ob er noch Informationen brauche, kommt als Antwort, dass die Elektroarbeiten problemlos verlaufen seien. Okay, dann schalten wir doch zum Probelauf einfach mal die Heizung und die Regelung ein.

Erstes Problem ist, dass er bei der Warmwasserpumpe das Netzkabel und das PWM-Steuerkabel vertauscht hat – somit ist unsere Pumpe defekt. Zweites Problem ist, dass der potentialfreie Anforderungskontakt, der den Gaskessel ein- und ausschaltet, auf einen PWM-Kontakt der Regelung geschaltet ist. Das habe ich noch rechtzeitig geschaut, bevor wieder was durchbrennt. Mit den PWM-Ausgängen steht der Elektriker auf Kriegsfuß. Die schließt er scheinbar grundsätzlich falsch an. Drittes Problem ist, dass er das Außenfühlerkabel gar nicht angeschlossen hat. Ich denke dann für mich, lieber gar nicht angeschlossen als falsch angeschlossen.

Das war heute keine Meisterleistung vom Elektromeister …

5. Juli 2023

Weil ich gestern auf der Baustelle Walch in Augsburg schon ganz gut vorgearbeitet habe, sollte ich die Elektroarbeiten und die Inbetriebnahme der Pelletanlage heute ganz locker schaffen. Es schaut nach einem entspannten Arbeitstag aus. Doch um 9 Uhr ist dann Schluss mit der Baustellenromantik.

Otto ruft an und berichtet, dass der gestern in Betrieb genommene Gaskessel bei Bucu in Wehringen ständig auf Störung geht. Nur wenn er die Frontverkleidung abnimmt, läuft der Kessel durch. Das kann aus meiner Sicht mehrere Ursachen haben. Es könnte der Plastikkamin, der ja gesteckt ist, an einer Stelle undicht oder eventuell auseinandergerutscht sein. Diese Möglichkeit könne laut Otto überhaupt nicht sein, denn er habe den Plastikkamin gewissenhaft montiert und die Rohrübergänge zusätzlich mit Klebeband verklebt.

Die zweite Möglichkeit wäre, dass der Gaskessel über den Ringspalt zu wenig Luft bekommt. Eventuell wegen einer Verstopfung des Ringspaltes oder wegen eines zu hohen Ansaugwiderstandes der Luft im Ringspalt des Kamines. Da der Plastikkamin im alten, bereits im Kamin vorhandenen, Edelstahlrohr montiert wurde, ist es dann tatsächlich so, dass der Widerstand zu hoch ist.

Das bedeutet für Otto und Matze einen riesigen zusätzlichen Aufwand. Zuerst das Kaminrohr im Heizungsraum wieder freibrechen und dann den 12 Meter langen Plastikkamin wieder ausbauen. Anschließend den Edelstahleinsatz ausbauen und den neuen Plastikkamin wieder im Schacht montieren. Zum Abschluss wieder den

Abgasanschluss im Heizungsraum einmauern. Das ist fast ein ganzer zusätzlicher Tag Aufwand, der wahrscheinlich vermeidbar gewesen wäre. Eine vorherige Begutachtung des Kamines bei der Angebotserstellung und eine Kaminberechnung der Abgasanlage hätte uns da einiges ersparen können. Nicht nur uns Monteuren unterlaufen Fehler, ab und zu macht auch unser Chef Fehler …

6. Juli 2023

Meine Vorbereitung für die Elektrobaustelle Günzel in Bobingen war diesmal ganz umsonst. Bei bestimmten Arbeiten, die nicht im Bereich von routinemäßigen Wartungen oder gleichbleibenden Elektroinstallationen liegen, lese ich schon mal ganz gerne vor den Arbeiten eine Montageanleitung durch. Tatsächlich auch mal zu Hause, wo ich einfach mehr Ruhe zum Lesen finde.

Familie Günzel hat zur bestehenden Heizung nachträglich eine Fußbodenheizung als zweiten Heizkreis installiert bekommen. Dieser 2. Heizkreis soll nun mithilfe eines Zusatzrelais in die bestehende Heizungsregelung eingebunden werden. Das ist mein Auftrag für heute. Ich beginne gerade mit meinen Elektroarbeiten, als Herr Günzel von einem Heizstab berichtet, den er mit seiner PV-Anlage aufheizen will. Er möchte diesen Heizstab mit der Heizungsregelung ansteuern, wozu die alte Regelung aber nicht fähig ist. Es stellt sich dann relativ schnell heraus, dass Herr Günzel eine neue, mit mehr

Funktionen ausgestattete Regelung benötigt. Er möchte die neue Regelung auch möglichst schnell haben, und ich kann mir die heutigen Arbeiten mit dem Zusatzrelais sparen. Meine gute Vorbereitung mit der Montageanleitung für das Zusatzrelais war diesmal umsonst.

Später ruft mich dann wieder mal Otto an und möchte wissen, ob ich heute noch zur Bucu-Baustelle fahre. Er will, dass ich für ihn auf der Baustelle noch etwas ausmesse. Ich soll ihn aber nicht während seiner Mittagspause anrufen. Als ich dann tatsächlich zur Mittagszeit auf die Bucu-Baustelle komme, rufe ich Otto natürlich sofort an. Sechs- oder siebenmal probiere ich ihn anzurufen, der Schlawiner geht aber nicht ans Handy. Nach der Mittagspause erreiche ich ihn dann doch noch und schimpfe ihn erst mal so richtig, weil er nicht ans Handy geht, und gebe ihm die gewünschten Abgasrohrlängen durch.

7. Juli 2023

Gestern am späten Nachmittag wurde von Familie Nabas aus Wehringen noch eine Störung an ihrem Ölbrenner gemeldet. Bei den derzeitigen hohen Temperaturen war der vorgeschlagene Termin am heutigen Freitagmorgen für Familie Nabas in Ordnung. Ich übernehme die Brennerstörung und fahre heute Morgen gleich zeitig los zu Familie Nabas. Als ich am Wohnhaus der Nabas angekommen bin, muss ich gleich wieder an die Vorbesitzerfamilie denken. Das Haus gehörte Familie Hartmann und ich habe dort jahrelang die Heizung betreut. Das war noch zu Zeiten, als ich bei der Firma Gießenbacher beschäftigt war. Familie Hartmann hatte 2 Söhne, die beide talentierte Fußballer waren. Peter schaffte es sogar bis in die Fußballbundesliga und spielte bei Blau-Weiß 90 Berlin 1 Jahr in der 1. Liga. Sein Bruder Roland war sicherlich genauso begabt, ihm fehlte aber die Motivation, so weit hochzukommen wie sein Bruder Peter. Soweit ich mich noch erinnern kann, war Rolands höchste Liga die Bezirksoberliga, wo er mit dem TSV Bobingen spielte. Etwas negativ wirkte sich wohl das eine oder andere Bier zu viel aus. Dem Dorftratsch nach hatte er auch immer wieder Drogenprobleme.

Am Ende seiner aktiven Karriere spielte ich mit Roland noch bei der SpVgg Langerringen in der ersten Mannschaft. Wir waren damals beide schon am Ende unserer Fußballerlaufbahn angelangt und konnten da keine großen Erfolge mehr feiern. Roland war entspannt und hat keinen Stress in seinem Leben aufkommen lassen. So eine typische Situation aus Rolands Leben war beispielsweise, als er mich in seinem Auto (klein, verrostet, schmutzig) ein Stück bis zum Trainingsgelände mitnahm. Zuerst war ich mit der Müllentsorgung auf dem Beifahrersitz beschäftigt. Am Trainingsgelände angekommen, fragte ich ihn, warum er sein Auto nicht absperre und die Fenster nicht zumache. Er meinte nur, dass der, der ihm das Auto klauen würde, einen echten Gefallen täte. So war der Roland halt ...

10. Juli 2023

Das vergangene Wochenende war sehr schön, aber auch sehr anstrengend. Sehr schön war, dass Cornelia nach über einer Woche Oma-Dienst bei der Enkelin Lilli wieder gesund, aber erschöpft heimgekommen ist. Sehr anstrengend war für mich der Samstag, als ich meiner früheren Bergkameradin Marianne beim Umzug von Biberbach/Roggenburg nach Illertissen geholfen habe. Trotz meines Bereitschaftsdienstes habe ich die 90 Kilometer Anfahrt und das Schleppen der schweren Möbel in Kauf genommen. Unser Umzugsteam bestand aus nur 3 Personen: Marianne, ihre Nichte Julia und ich. Falls ein Bereitschaftseinsatz notwendig gewesen wäre, wäre der Umzug ganz schön ins Stocken geraten. Es gab dann an diesem Samstag aber Gott sei Dank keinen Bereitschaftseinsatz und wir haben viel geschafft.

Am heutigen Montagmorgen spüre ich immer noch die Erschöpfung und die Gliederschmerzen von dem Umzug bei 30 Grad Celsius. Simon ist heute nach seinem Urlaub auf der Insel Kreta auch wieder den ersten Tag im Betrieb. Er macht keinen fröhlichen Eindruck, als er die vielen Termine entdeckt, die das Büropersonal für ihn ausgemacht hat.

Wir sprechen noch über den neuen Pufferspeicher, den wir in seiner Wohnanlage montiert und in Betrieb genommen haben. Ich gebe Simon noch mit auf den Weg, dass morgen wieder unser gemeinsamer »Heet-App«-Tag bei der St.-Josefs-Apotheke in Augsburg ist und dass er sich doch mit YouTube-Montagevideos darauf vorbereiten solle. Ich weiß natürlich jetzt schon, dass er das ganz sicher nicht macht.

Ich schaue dann noch im Büro auf die Infotafel, wer sich heute krankgemeldet hat. Letzte Woche hatten wir keine Krankmeldung und auch heute sind alle da. Eine seltene und gute Phase. Das ändert sich dann aber leider noch am Vormittag, als Ferdinand bei der Kundschaft die Kellertreppe runterstürzt. Der Chef kommt auf die Baustelle und fährt Ferdinand ins Krankenhaus. Hoffentlich ist da nichts Schlimmeres passiert.

Die Chefin teilt heute noch die kurzen Hosen aus, die vor einiger Zeit für uns bestellt wurden. Bei den momentanen Temperaturen von über 30 Grad ist das auf jeden Fall eine sinnvolle Anschaffung. Auch wenn man dann morgen den Anblick von vielen weißen Beinen ertragen muss …

11. Juli 2023

Heute ist ja bei uns wieder der »Heet-App«-Tag, an dem es dann spannend wird, was so alles schiefgehen wird.

Die St.-Josefs-Apotheke in Augsburg macht erst um 9.30 Uhr auf und ich mache mit Simon aus, dass wir uns dort treffen. Mein erstes Problem ist dann schon die Parkplatzsuche. Im Hinterhof ist alles rappelvoll. Ich parke dann weit außerhalb der Apotheke und muss einen 10-Minuten-Fußmarsch zur Baustelle zurücklegen. So oft, wie wir zurzeit zur St.-Josefs-Apotheke müssen, könnten die schon mal einen Parkplatz fest für unsere Firma reservieren. Ich bin dann zuerst auf der Baustelle, Simon kommt etwas später dazu.

Beim Versuch, die »Heet-App« über Kabel von der »Heet-App-Base« zum Laptop zu verbinden, haben wir unser zweites Problem. Unsere Versuche scheitern und auch die »Heet-App-Hotline« kann uns nicht weiterhelfen. Bei dem längeren Telefongespräch empfiehlt mir der Service-Mitarbeiter von »Heet-App«, ein zusätzliches Programm auf den Laptop aufzuspielen, um die IP-Adresse herauszufinden. Ich teile dem Service-Mitarbeiter mit, dass ich Heizungsmonteur sei und gut mit Rohrzangen und Heizungsrohren umgehen könne, aber überfordert sei, IP-Adressen über selbst aufgespielte Programme herauszufinden … Unsere Lösung für heute ist, dass uns der Mitarbeiter der »Heet-App« einen zusätzlichen Installationsstick zuschickt, mit dem dann angeblich alles ganz einfach ist.

Unser drittes Problem am heutigen Tag ist dann ein ganz ein anderes. Simon haut sich seinen Kopf dermaßen am offenstehenden Fenster an und blutet am Kopf. Die freundlichen Apothekerinnen helfen uns mit Tüchern und Desinfektionsspray. Dem verletzten Simon bringen sie dann noch ein Glas Wasser. Worauf ich die Apothekerin frage, ob ich als »Unverletzter« auch etwas bekommen könne. So handle ich einen Kaffee für mich raus. Zum Schluss teile ich den Mitarbeiterinnen noch mit, dass wir nochmals mit unserer »Heet-App« kommen müssen. »Aber erst im Winter wegen der Unfallgefahr mit offenstehenden Fenstern«, ist mein abschließender Kommentar. Wir alle hatten trotz der vielen Pannen heute viel Spaß in der St. Josefs-Apotheke in Augsburg.

12. Juli 2023

In der Remboldstraße 5 in Augsburg ist bei den Caritas-Wohnungen noch ein Kundendienst zu erledigen. Dieser Kundendienst an einer Gastherme ist bei uns Kundendienstmonteuren nicht so sehr beliebt. Die Wohnung befindet sich im Dachgeschoss (4. Stock) eines Altbaus. Der Altbau hat noch keinen Aufzug und somit ist bei der derzeitigen Hitze schon ein einmaliges Hochgehen zu der Therme im 4. Stock eine körperliche Höchstleistung.

Vor diesem Wohnhaus in der Augsburger Innenstadt gibt es immer große Parkplatzprobleme. Ich fahre dann auch dreimal um den Block und finde keinen Parkplatz. Die 7 oder 8 Parkplätze vor dem Haus sind wegen einer Baustelle kurzfristig zum absoluten Halteverbot erklärt worden. In meiner Verzweiflung stelle ich mein Auto vor einem Versicherungsbüro in der Hoffnung ab, dass die eh nicht vor 9 Uhr mit dem Arbeiten beginnen.

Nach dem beschwerlichen Aufstieg mit meinen Werkzeugtaschen in den 4. Stock öffnet Herr Welf mir die Wohnungstüre. Er sieht mir sofort mein Leid und meine Erschöpfung an und versorgt mich dann gleich mit Kaffee und kühlem Wasser. Ich muss dann noch zweimal runter und wieder rauf, um zusätzliches Werkzeug und benötigte Ersatzteile hochzuschleppen. Ich mache meinen Kundendienst sehr gewissenhaft mit dem Wunsch, dass die Anlage wieder 1 Jahr ohne Störung durchläuft.

Nach 2 weiteren Kundendiensten, die ohne Probleme und ohne große körperliche Anstrengung von mir bewältigt werden, ist heute im Büro noch eine Besprechung mit dem Chef und Simon angesetzt. Simon wird demnächst 60 Jahre alt und möchte dann mein Arbeitszeitmodel mit der Viertagewoche auch für sich beanspruchen. Das Problem ist, dass der Chef immer 2 von uns 3 Kundendienstlern im Betrieb haben möchte. Es sind Verhandlungen, in die jeder von uns dreien seine Ideen und Vorschläge einbringen kann. Ich weiß, dass sich für mich die Arbeitszeitsituation eher verschlechtern wird. Wir finden schließlich einen Weg, der für uns alle in Ordnung ist und wollen dann noch eine Nacht darüber schlafen und uns morgen noch mal kurz zusammensetzen und eine endgültige Entscheidung treffen.

13. Juli 2023

Seit dem 7. Juni hat Frau Borster aus Königsbrunn kein warmes Wasser. Ich hatte die Anlage aus Sicherheitsgründen stillgelegt. Heute ist ein schöner Tag für Frau Borster, denn es wird ab heute wieder warmes Wasser fließen. Nachdem Fritz und Sören die defekte Heizung durch ein neues, kurzfristig erhaltenes Gasbrennwertgerät ersetzt haben, werde ich die Elektroarbeiten und die Inbetriebnahme durchführen. Auf meine Nachfrage, wie sie die letzten 6 Wochen ohne Warmwasser zurechtgekommen ist, antwortet sie relativ entspannt: »Duschen mit dem Gartenschlauch und bei kühleren Temperaturen habe ich das Warmwasser im Topf warm gemacht.« Meine Arbeiten kommen gut voran und Frau Borster hat nach wenigen Stunden wieder warmes Wasser zur Verfügung.

Sonnhilde ruft mich dann noch vom Büro aus an und meldet eine Ölbrennerstörung bei Familie Nacho in Bobingen. Eine ehemalige Gießenbacher-Kundschaft mit einem Mörting-Ölbrenner. Diese Arbeiten werden dann immer mir zugeteilt. Mir macht das aber nichts aus und ich finde es immer wieder ganz spannend, ob mich die Leute noch von meiner alten Firma her kennen. Herr Nacho erkennt mich nicht mehr, aber mir kommt er dann gleich wieder bekannt vor. Er ist inzwischen Rentner und zwar ein Rentner, dem es langweilig ist. Während der ganzen Reparatur steht er neben mir, was ich ja gar nicht mag. Aber es war dann auch irgendwie gut, dass er es »live« mitbekommen hat, dass es an seiner alten Ölheizung viel zu reparieren gibt. Da schon viele Jahre keine Wartung gemacht wurde, musste ich Steuergerät, Düse, Speicherladepumpe und den Großentlüfter erneuern. Die Rechnung wird sehr hoch ausfallen, aber mein Mitleid hält sich da in Grenzen.

Am Feierabend sitzen der Chef, Simon und ich nochmals kurz zusammen wegen der neuen Arbeitszeitregelung. Auch das »eine Nacht drüber schlafen« hat unsere Meinung und Einstellung zu der neuen Arbeitszeitregelung nicht verändert. Wir arbeiten ab dem 1. Oktober beide nur noch 35 Stunden in der Woche. Simon hat 3 Freitage im Monat frei und ich habe 3 Montage im Monat frei. Wir tauschen dann halbjährlich die Tage. Das heißt, ab 1. April habe ich dann wieder die freien Freitage.

Anschließend verabschiede ich mich in meinen dreiwöchigen, wohlverdienten Sommerurlaub …

8. August 2023

Nach über 3 Wochen Urlaub ist heute wieder mein erster Arbeitstag. Schon auf der Fahrt zur Arbeit habe ich das »Ich habe gar keinen Bock auf die Arbeit«-Gefühl, wie jedes Mal nach dem Urlaub.

Im Betrieb angekommen, stelle ich fest, dass heute nur wenige Mitarbeiter zur Arbeit erscheinen. Dodo, Meister Donald, Momo, Ferdinand, Theo und Sören sind alle noch im Urlaub und Norbert und Maik sind seit gestern krank. Dann treffe ich aber doch noch auf Mitarbeiter …

Der Chef und Simon fragen mich nach meinem Urlaub. Vor allem wollen sie wissen, wie meine Alpenüberquerung von Oberstdorf nach Meran war. Ich erzähle ihnen ausführlich von den 6 Tagestouren, die zu bewältigen waren. Von den Strapazen der bis zu 18 Kilometer langen Tagesmärsche mit schwerem Rucksack auf dem Rücken und von den feuchtfröhlichen, lustigen Abenden auf den Berghütten. Auch, dass wir auf der Memminger Hütte Bettwanzenalarm hatten und die Rucksäcke die ganze Nacht nicht mit in die Hütte nehmen durften. Bei strömendem Regen wurden unsere schweren Rucksäcke zum Schutz vor Nässe in große Plastiksäcke verpackt. Aus diesem Satz kann man schon ableiten, dass das Wetter bei der Alpenüberquerung nicht optimal war. Aber ich hatte mit meinen Bergkameraden Jürgen, Werner und Sandra viel Spaß und nur das zählt.

Nach meinen Urlaubserzählungen muss ich dann doch noch mit der Arbeit beginnen. Zuerst geht es in eine Mietwohnung nach Augsburg, wo die Mieterin seit sage und schreibe 7 Wochen ohne Warmwasser auskommen muss. Der Grund dafür sind Lieferschwierigkeiten für das passende Ersatzteil. Der Einbau des fehlenden Ersatzteiles erfolgt dann problemlos und die junge Lehrerin bekommt nach sehr langer Leidenszeit endlich wieder warmes Wasser.

Am Nachmittag muss ich noch zu Peter aus Klosterlechfeld, den ich noch von der Schulzeit her kenne. Auch über meine vorherige Firma war ich schon an seiner Heizung. Außerdem habe ich mit seinem Bruder, dem Joschi, in Langerringen zusammen Fußball gespielt. Joschi ist leider vor 4 Jahren mit nur 64 Jahren viel zu früh verstorben. Heute ist der ganz normale Kundendienst an Peters Ölheizung zu erledigen.

Der erste Tag nach dem Urlaub hat heute wieder gut geklappt und ich bin schon wieder voll drin …

9. August 2023

In der Firma herrscht nach wie vor Personalmangel wegen Krankheit und Urlaub. Der letzte Rest, der noch arbeitet, sind Matze, Lotte, Fritz, Otto und ich sowie Simon aus der Kundendienstabteilung. Von Simon habe ich erfahren, dass Fritz zum 31.8. gekündigt hat. Das war für mich nicht so überraschend, da für mich klar war, dass

Fritz nicht ein Leben lang einer Arbeit nachgehen wird, die ihm nicht so viel Spaß macht. Ich kann Fritz gut leiden. Er ist höflich und nett und somit ist es schade, dass er unsere Firma verlässt. Nun geht er zu einer Firma in Kissing, wo er Brandschutzklappen erneuert. Viel Glück, Fritz, ich wünsche dir alles Gute.

Mein erster Auftrag sind die Elektroarbeiten bei Familie Klehmann in Augsburg. Meine Kollegen sind bereits letzte Woche mit der Montage des neuen Ölbrennwertkessels fertig geworden. Ich kümmere mich heute um die Elektroarbeiten und nehme anschließend das Gerät in Betrieb. Die Arbeiten gehen gut voran und ich würde mir zur Stärkung einen Kaffee wünschen, der dann aber leider nicht kommt.

Am Nachmittag muss ich noch zu Familie Sendling nach Haunstetten. Bei den alten Sendlings kam ich jedes Jahr zur Wartung an der Ölheizung. Beim jungen Herrn Sendling komme ich nach 10 Jahren Wartungspause wieder an die Heizung und dementsprechend sieht es auch aus. Ich wurde von ihm auch nur beauftragt, weil er die Heizung nicht mehr zum Laufen brachte. Ich stelle dann relativ schnell fest, dass er kein Heizöl mehr im Tank hat. Die Wartung führe ich dann trotzdem durch; wenn Herr Sendling schon mal jemanden an seine Heizung ranlässt, muss man das ausnutzen. Ein Provisorium mit Diesel aus dem Kanister sorgt für das ersehnte Warmwasser. Ich telefoniere am späten Nachmittag noch mit Herrn Sendling und berichte ihm von den Folgen des langen Wartungsentzuges für seine Heizung. Herr Sendling verspricht Besserung und ich bin gespannt, ob es wieder 10 Jahre dauert, bis ich wieder an seine Heizung komme ...

10. August 2023

Da Norbert und Maik immer noch im Krankenstand sind, muss ich heute einen Termin von Norbert übernehmen. Bei Familie Sauer in Leitershofen ist ein undichter Mischer zu erneuern. Die Arbeiten laufen gut und ich werde schneller fertig als im Angebot kalkuliert war.

Im Anschluss stehen Elektroarbeiten bei Frau Wildensperger aus Bobingen auf dem Programm. Um 13 Uhr kommt Erdgas Schwaben zur Installation ihres Gaszählers und bis zu diesem Zeitpunkt muss ich mit den Elektroarbeiten fertig sein, damit man die Anlage in Betrieb nehmen kann.

Fritz kommt dann auch kurz vor 13 Uhr auf die Baustelle, um die neue Gasleitung auf Dichtheit zu überprüfen und um ein Abdrückprotokoll zu erstellen. Das verlangt der Erdgaslieferant Erdgas Schwaben routinemäßig von uns.

Pünktlich um 13 Uhr erscheint Peter von Erdgas Schwaben. Wir kennen uns schon lange. Ein Ex-Kollege von der Firma Gießenbacher, auch ein Peter, ist mit dem Erdgas-Schwaben-Peter in die gleiche Berufsschulklasse gegangen. Er ist 2 Jahre älter als ich und deshalb ist bei unserem Gespräch natürlich die Rente auch wieder ein Thema. Peter meint, er müsse noch 7 Jahre arbeiten, bis er in Rente gehen könne. Ich erwidere, dass er doch schon viel früher gehen könne bei dem vielen Geld, das er bei Erdgas Schwaben verdiene. Scherzhaft fragt er, was ich denn »geraucht« habe. Fritz amüsiert sich gut bei unserem Gespräch.

Letztendlich bekommen wir von ihm den Gaszähler, was für uns bedeutet, dass wir gute Arbeit geleistet und die Anlage vorschriftsgemäß installiert haben. Kurz vor dem Verlassen der Baustelle bittet mich Frau Wildensperger noch, ein paar Löcher zu bohren, wo ich ihre Aufhänger für verschiedene Besen montieren soll. Als kleines Dankeschön bekomme ich noch 10 Euro Trinkgeld von ihr.

Später im Büro beim Terminieren für die kommende Woche frage ich Simon, ob er nächste Woche Lust und Zeit hätte, das fehlende Teil für die »Heet-App« zu montieren. Er lehnt ab, was ich verstehen kann …

14. August 2023

Nachdem die letzte Woche mit einem Urlaubstag und meinem freien Freitag schon ein sehr entspannter Einstieg nach meinen 3 Wochen Urlaub war, ist die anstehende Woche mit dem Feiertag am morgigen Dienstag auch gut zu bewältigen.

Am frühen Morgen taucht Simon schon in kurzer Hose im Büro auf. Er hat sich scheinbar mit der Wettervorhersage beschäftigt. Ich heute leider nicht und so werde ich meine lange Latzhose später als die falsche Kleiderwahl eingestehen.

Fußball ist heute Morgen leider auch wieder ein Thema. Nach der gestrigen 2:0-Niederlage meines FC Augsburg im DFB-Pokal beim Drittligisten Unterhaching muss ich dann viel Hohn und Spott ertragen.

Auch aus diesem Grund schaue ich, dass ich zügig auf meine erste Baustelle komme. Bei Dr. Zahin in Bergheim ist die Wartung am Pelletkessel fällig. Zusätzlich zur Wartung muss ich heute die Federn der Wärmetauscher-Reinigung erneuern. Beim Wechseln der Federn wurde mir bewusst, dass heute die kurze Hose die richtige Entscheidung gewesen wäre. Nur mit großem Kraftaufwand und viel Anstrengung konnte ich die alten, verklemmten Federn vom Pelletkessel entfernen. Vom Schweiß durchnässt und ziemlich erschöpft, brachte ich die Arbeiten zu Ende. Temperaturen von 30°Grad und körperliche Anstrengung verträgt mein alter Körper nicht mehr so gut wie in früheren Jahren.

Der Nachmittag wird dann aber entspannter. Im kühlen Keller des Steber-Miethauses kann ich den Kundendienst am Ölkessel in aller Ruhe durchführen.

Im Büro treffe ich dann kurz vor Feierabend Simon und überrumple ihn mit einem Termin am Mittwoch in der St.-Josefs-Apotheke in Augsburg, wo der Installations-Stick für unsere »Problem-Heet-App« aufgespielt werden muss. Ich gebe Simon noch mit auf den Weg, er solle sich am morgigen Feiertag gut für den Mittwoch vorbereiten. Am besten solle er sich mit »YouTube«-Videos von der »Heet-App«-Installation beschäftigen.

Der letzte Satz von mir war noch nicht ganz ausgesprochen, da konnte ich an seinem Gesichtsausdruck schon erkennen, dass er am Feiertag vieles vorhabe, dass die »Heet-App« da aber ganz sicher nicht dabei sein werde.

16. August 2023

Heute ist der Tag der Entscheidung. Simon und ich können uns zum Gespött in der Firma machen, wenn wir heute die »Heet-App« wieder nicht zum Laufen bringen. Aber wenn wir sie zum Laufen bringen, werden wir die gefeierten »Heet-App«-Helden sein. Es fängt schon wieder denkbar schlecht mit der Parkplatzsuche vor der St.-Josefs-Apotheke in Augsburg an. Du musst ewig nach einem Parkplatz suchen und dann auch noch ewig laufen, bis du mal am Arbeitsplatz in der Apotheke bist.

Aber mit dem neu besorgten Installations-Stick von »Heet-App« geht die Inbetriebnahme in kleinen Schritten voran. Das Unfallfenster, an dem sich Simon beim letzten Mal den Kopf blutig geschlagen hatte, bleibt heute wegen der Unfallverhütung geschlossen. Auch heute muss ich dreimal mit der »Heet-App«-Hotline telefonieren. Das Erfreuliche ist, dass du da schnell durchkommst und nicht ewig in der Warteschleife verweilst – und am anderen Ende der Leitung sitzt ein richtig kompetenter Mann. Nach über 4 Stunden bringen wir die Inbetriebnahme über den Installations-Stick zu einem guten Ende. Was bleibt, sind viele gespeicherte Benutzernamen und dazugehörende Passwörter, die nach wenigen Tagen eh wieder keiner mehr weiß.

Es sind so um die 15 Stunden, die wir beide, an allen Tagen zusammen, für die Installation benötigt haben. Ich denke, ein Computerfachmann hätte das locker in 2 Stunden installiert. Später im Büro fragt mich der Chef noch, wie es mit der »Heet-App« geklappt habe. Er hört nichts Positives von mir …

Aber heute Abend gibt es dann doch noch was Erfreuliches: Meine Mutter feiert ihren 89. Geburtstag. Das ist toll und wir feiern zusammen mit der ganzen Familie ihren Ehrentag. Letztendlich überwiegt dann doch das Positive an diesem Tag.

17. August 2023

Um 7.15 Uhr habe ich einen Termin auf dem Friedhof in Bobingen. Keine Sorge, es ist niemand zu beerdigen, es ist nur die Wartung an der Ölheizung im Leichenhaus durchzuführen. Der Friedhofsmitarbeiter sperrt mir das Gebäude auf und muss dann auf einen anderen Friedhof im Bobinger Umland, wo er Arbeiten zu erledigen hat. Meine Arbeiten klappen gut und ich werde zeitig fertig.

Danach steht ein Termin bei Familie Klojetzki in Großaitingen auf dem Programm. Dort muss ich zusammen mit Herrn Labermeier von Raddotherm über Telefonanweisungen den Elektroheizstab, der mit PV-Überschussstrom betrieben wird, in Betrieb nehmen. Das ist ein Termin, bei dem viele unsichere Faktoren hinderlich werden können. Zum Beispiel ist fraglich, ob im Keller ein gutes Telefonnetz vorhanden ist, ob der Elektriker alles richtig angeschlossen hat oder ob von der Firma Raddotherm zum PV-Regler mit Heizstab in Großaitingen eine funktionsfähige Internetleitung zustande kommt. Wir beide haben schon öfter miteinander zu tun gehabt und meistens hat am Ende alles geklappt. Es war dann auch eine längere Inbetriebnahme des Heizstabes; länger als wir beide es eingeplant hatten.

Das Mobilfunknetz war immer wieder mal unterbrochen. Die Internetverbindung kam nach einigem Hin-und Herstecken der Kabel dann auch zustande. Schließlich gab es noch ein Sonderlob für den Elektriker Herbert, der alles richtig angeklemmt hatte. Nach über 2 Stunden Inbetriebnahme haben wir dann alles zum Laufen gebracht.

Nachmittags telefonierte Simon dann noch mit Herrn Labermeier wegen eines Heizstabes bei Schustler in

Inningen, der nicht funktionierte. Am kommenden Montag habe ich dann wieder eine Telefonkonferenz mit Herrn Labermeier wegen der Inbetriebnahme des Heizstabes bei Familie Dorenz in Bobingen. Es ist Heizstabsaison …

18. August 2023

Heute bin ich der Alleinunterhalter im Kundendienst-Team. Dodo kommt ja erst am Montag wieder in die Firma, nachdem seine 3 Wochen Jahresurlaub zu Ende sind. Und Simon hat sich für heute kurzfristig freigenommen. Da ich mein Bereitschaftswochenende habe, bin ich ja heute sowieso in der Firma.

An einem Pelletkessel bei Familie Merz in Oberottmarshausen und an einem Gasbrennwertgerät bei Familie Halkin in Königsbrunn führe ich die routinemäßige Wartung durch. Ich erkundige mich im Büro wegen vorliegender Störungen oder dringender Reparaturen, aber es ist und bleibt den ganzen Vormittag ruhig.

Ich wünsche unserem Chef, der jetzt für 3 Wochen in den Urlaub geht, gute Erholung und viel Spaß im Urlaub. Dem restlichen Büro wünsche ich ein schönes Wochenende und mache ich mich dann auf den Heimweg.

Auf dem Weg vom Büro zum Firmenfahrzeug kommt mir Dodo in Arbeitskleidung entgegen. Ich frage ihn, ob er es nicht mehr bis Montag aushalten könne, bis er dann wieder arbeiten dürfe. Er meint, er habe Bereitschaft, da er vergessen habe, einen »Ersatzmann« für seine Bereitschaft zu organisieren. Im Büro hatten wir aber schon letzte Woche ohne ihn geregelt, dass ich seine »Urlaubsbereitschaft« übernehme. Ich schicke Dodo wieder heim und übernehme die Bereitschaft.

Das Bereitschaftstelefon bleibt bis 20.30 Uhr ruhig, dann ruft die Duster-Rita aus Bobingen an und berichtet, dass irgendein Gerät an der Heizung nicht mehr abschalte und heiß laufe. Simon war angeblich gestern zum Kundendienst vor Ort und da war noch alles in Ordnung. Ich weise Frau Duster darauf hin, dass sie mir Hausverbot erteilt habe, weil ich damals ihre Hunde beleidigt habe. Die 2 kleinen Mistviecher sprangen während meiner kompletten Heizkörperreparatur an mir hoch und hatten scheinbar viel Spaß dabei. Ich hatte weniger Spaß und forderte Frau Duster auf, die beiden »Köter« wegzusperren. Zuerst fehlen Frau Duster etwas die Worte, wie sie auf meine »Hausverbot«-Aussage reagieren soll. Dann meine sie, der Vorfall sei ja schon verjährt. Schließlich vereinbare ich mit ihr, morgen früh zu ihr zu kommen und die Heizung zu überprüfen.

21. August 2023

Nach dem Bereitschaftswochenende gebe ich natürlich Infos über meine Wochenendeinsätze an meine Kollegen weiter. Als Erstes berichte ich von der Duster-Rita aus Bobingen, wo ich bis vor Kurzem ja noch Hausverbot hatte. Es ist schon so, dass es den Kunden bei Notfällen egal ist, wer kommt, aber bei Wartungen wollen sie den Monteur auswählen. Diese Einstellung des Kunden kommt bei uns Monteuren nicht so gut an. Ulla aus dem Büro frägt später, ob man meinen Einsatz bei Frau Duster verrechnen könne, weil ja Siggi erst am Donnerstag den Kundendienst gemacht habe. Diese Frage beantworte ich mit einem eindeutigen: »Ja natürlich, die Duster-Rita hat genügend Geld.« Störungsursache war, dass sich der Schwimmer von der Kondensatpumpe verhängt hatte und die Pumpe dann nicht mehr abgeschaltet hat.

Um 9 Uhr habe ich wieder eine Telefonkonferenz mit Herrn Labermeier von Raddotherm wegen der Inbetriebnahme des Heizstabes bei Familie Dorenz in Bobingen. Diese Inbetriebnahme verläuft nicht nach unseren Vorstellungen. Wir bekommen keinen Funkkontakt zwischen dem Heizstab und dem dazugehörenden Regler zustande. Nachdem Herr Labermeier mit dem Hersteller der Reglereinheit des Heizstabes der Firma TO gesprochen hat, kommt er zu dem Ergebnis, dass die Platine des Heizstabes defekt sein muss. Das heißt für mich, dass ich die Platine ausbauen und zur Überprüfung/Reparatur einschicken muss. Das alles kann dann wieder wochenlang dauern. Das ist für den Hausherrn, Herrn Dorenz, nicht sehr erfreulich.
Herr Dorenz bleibt aber sehr freundlich und gelassen und verabschiedet sich mit einem Trinkgeld bei mir.

Am Nachmittag genieße ich den Kundendienst im Keller des Zeichenbüros Siedmüller in Bobingen. Bei Außentemperaturen von über 30° Grad Celsius habe ich entspannte 18° Grad Celsius im Heizungsraum.

22. August 2023

Mein erster Termin ist heute bei Familie Morwol in Großaitingen, wo ich den Kundendienst an der Ölbrennwertheizung durchführen muss. Das Ölbrennwertgerät ist Teil der Heizungsanlage. Eine Solaranlage und ein »Ossi«-Pufferspeicher vervollständigen die moderne Heizungsanlage.

Das sind Anlagen, die aufgrund der momentan hohen Temperaturen, die wir seit Tagen bei uns haben, schwierig zu warten sind. Als ich in der Früh um 7.30 Uhr zur Anlage komme, hat der »Ossi«-Pufferspeicher oben 89° Grad Celsius, in der Mitte 88° Grad Celsius und unten 60° Grad Celsius. Solarthermie ist eine tolle Sache, aber als Endkunde kannst du gar nicht so viel Duschen und Baden, dass du die ganze produzierte Solarwärme vollständig nutzen kannst.

Auch beim Kundendienst bringe ich den Ölkessel bei diesen hohen Pufferspeichertemperaturen nur mit Mühe zum Laufen. Beim Kundendienst muss er kurz laufen, damit ich meine Abgasmessung durchführen kann. Man muss dann immer etwas rumtricksen, indem man zum

Beispiel im Keller das Warmwasser lange laufen lässt, um die Speichertemperatur etwas herunter zu bekommen. Möglichst ohne, dass der Kunde merkt, dass sein gutes, teures Trinkwasser ungenutzt im Ablauf verschwindet.

Der Kundendienst klappt dann mit der vorgeschriebenen Abgasmessung so, wie es sein soll. Später muss ich bei Herrn Witzler in Augsburg eine Kondensatpumpe erneuern und den Kundendienst an seiner Gasbrennwertheizung durchführen. Herr Witzler meint es bei der Hitze gut mit mir und bietet mir ein Weizenbier an. Ich lehne ab. Während der Arbeitszeit Alkohol zu trinken, ist für uns alle in der Firma tabu. Er bringt mir dann eine Flasche Wasser, was für mich in Ordnung ist.

Nach der Arbeit ist bei ständigen Temperaturen von über 30° Grad Celsius nicht mehr viel mit mir anzufangen. Mit zunehmendem Alter steigt scheinbar auch die Hitzeempfindlichkeit. Ich wünsche mir morgen 10°Grad Celsius weniger als heute ...

23. August 2023

Am Morgen ist nach dem Aufstehen mein erster Blick immer auf das Außenthermometer gerichtet. Es zeigt um 5.30 Uhr bereits 20°Grad Celsius an. Das bedeutet auch heute wieder, dass ich durchgehend am Schwitzen sein werde.

Der erste Kundendienst ist heute beim Herrn Moderer in Anhausen. Herr Moderer hat sich 2009 von unserer Firma eine Pelletheizung mit »Ossi«-Pufferspeicher und eine Solaranlage mit Ost/West-Umschaltung einbauen lassen. Wir Monteure waren damals etwas erstaunt, dass ein Rentner sich noch so eine aufwendige Heizung installieren lässt. Herr Moderer hat alles richtig gemacht und ist gesund und fit wie immer. Seit dem Einbau 2009 war immer nur ich vor Ort zum Kundendienst. Die Kunden mögen das meistens lieber, wenn immer der gleiche Monteur kommt. Natürlich muss der Kundendienstmonteur dann auch gleichbleibend gute Leistungen bringen.

Nach einem Gas-Kundendienst bei Familie Bissendorf in Graben fahre ich noch zu Ferdinands Baustelle in einer Wohnanlage in Lagerlechfeld. Dort müssen in 2 Wohnanlagen neue Ölbrennwertkessel installiert werden. Ich bin dann für die Elektroinstallation zuständig und schaue heute gleich mal, was ich an Elektromaterial mitzunehmen habe.

Danach ist ein T-Shirt-Wechsel erforderlich. Mein erstes T-Shirt ist völlig durchnässt und auch das zweite T-Shirt wird am Ende dieses Tages das gleiche Schicksal erleiden.

Am Nachmittag fahre ich dann ins Büro und vereinbare Termine für die kommenden Tage. Auch für das Auto muss ich noch Ersatzteile nachladen. Auf dem Weg zu den Ersatzteilen im kühlen Keller treffe ich Fritz, der die Zeit bis 16.15 Uhr einfach nur im kühlen Keller aussitzt. Bei Temperaturen von ständig über 30° Grad Celsius sind von meinen Kollegen nur noch ganz wenige motiviert …

24. August 2023

Am kommenden Montag müssen Simon, Theo und ich zur Puderlos-Gasbrennwertkessel-Schulung nach München fahren. Was wir gemeinsam haben, ist, dass keiner von uns dreien mit seinem privaten Auto dorthin fahren möchte. Somit müssen wir mit einem Firmenfahrzeug fahren. Für welches wir uns entscheiden werden, steht noch nicht fest. Ein wichtiger Entscheidungsfaktor ist das Platzangebot auf dem Beifahrersitz. Ich messe mit meinem Meterstab die Breite der Beifahrersitze aus. Bei meinem VW-Transporter sind es 80 Zentimeter, bei Theos Fahrzeug sind es 95 Zentimeter. Bei Simons VW Caddy braucht man gar nicht erst zu messen, da ist der Beifahrersitz gerade mal für eine Person geeignet. Stand jetzt muss also der Theo am Montag fahren.

Nach den Vermessungsarbeiten fahre ich zu Familie Beutelstrick nach Königsbrunn. Dort war ich ja schon am Samstag bei meinem Notdienst im Einsatz. Heute muss ich den bestellten Motor der Nebenlufteinrichtung tauschen und der Kundendienst am Ölkessel ist dann auch gleich zu erledigen. Um den Motor zu tauschen, muss ich hinter den Kessel, um an das Abgasrohr mit der Nebenlufteinrichtung zu gelangen. Der Zugang zum Abgasrohr ist so eng, dass selbst ich als eher schlanke Person Probleme habe. Ich quetsche mich durch und schaffe es, hinter den Kessel zu gelangen. Jetzt soll ich da hinten aber auch noch Arbeiten erledigen, was fast unmöglich erscheint. Der Hausherr fragt mich, ob er mir da hinten helfen solle. Die räumliche Wahrnehmung scheint mir bei Herrn Beutelstrick nicht sehr ausgeprägt zu sein. Die Frage hat sich dann auch erledigt, als ich schimpfe, weil ich mich da hinten kaum rühren kann. Ich schaffe es dann irgendwie, den Motor zu tauschen und die Wartung zur Zufriedenheit des Kunden zu erledigen. Der Kunde zeigt mir mit seinem Trinkgeld, dass er mit meiner Arbeit zufrieden ist.

Nach dieser anstrengenden Arbeit ist mein langes Wochenende genau das, was mir jetzt guttut.

28. August 2023

Auf der morgentlichen Fahrt zum Betrieb habe ich heute ein mulmiges Gefühl. Nachdem es am Samstagnachmittag im Bereich Augsburg–Bobingen–Königsbrunn heftig gehagelt hat, ist meine Neugierde doch groß, wie schwer es unseren Betrieb erwischt hat. In der Betriebseinfahrt angekommen, bestätigen sich dann meine Befürchtungen. Sämtliche Firmenfahrzeuge, die über das Wochenende im Betriebshof gestanden haben, sind verhagelt. Hauptsächlich sind auf den Dächern der Fahrzeuge große Dellen zu sehen, aber auch auf der Seite, wo der Wind den Hagel in der Größe von Tischtennisbällen an die Fahrzeuge geschleudert hat, sind große Dellen im Blech. Wir hatten bereits vor einigen Monaten mehrere Hagelschäden im Betrieb, aber diese waren im Vergleich zu dem, was da am Samstag passiert ist, minimal.

Auch der Betriebszaun ist vom Hagel zerstört worden. Später stellt sich dann noch eine Undichtheit auf dem Dach heraus, wo dann später Wasser ins Büro eindringt. Zu dem ganzen Unglück kommt dann noch dazu, dass heute Morgen die komplette Computeranlage ausgefallen ist, was eigentlich in keiner Weise mit dem Hagel zusammenhängen kann.

Unser Chef ist bereits von dem ganzen Unglück im Bilde. Er kann aber nicht so schnell von seinem Urlaub aus Italien zurückkommen, da er einen Reifenschaden an seinem Auto hat, der erst am Donnerstag behoben werden kann. Was sind das nur für unglückliche Tage für unseren Betrieb!

Da ist es dann völlig nebensächlich, dass Fritz heute seinen letzten Arbeitstag in unserem Betrieb hat. Auch dass Simon, Theo und ich heute zur Puderlos-Schulung nach München fahren, ist nicht das wichtigste Thema am heutigen Unglückstag. Simon fährt mit seinem privaten Auto. Die wichtigsten Themen bleiben heute den ganzen Tag über der verheerende Hagel und die Schäden, die er verursacht hat.

29. August 2023

Auf dem Weg nach München zum zweiten Tag der Puderlos-Schulung kommt aus dem Radio der Hinweis, dass es wegen der »Klimakleber« zu Verkehrsbehinderungen in München kommen kann. Die Verkehrsvorhersage trifft dann auch tatsächlich so ein, dass wir eine halbe Stunde länger brauchen. Wir sind aber zeitig losgefahren und kommen dann doch pünktlich zum zweiten Tag der Puderlos-Schulung. Wir sind 13 Schulungsteilnehmer und eine recht lustige Truppe. Besonders witzig finde ich Egon aus Fürstenfeldbruck, der immer ganz witzige Geschichten aus seinem Installateursleben erzählt. Der Schulungsleiter Flo ist erst seit 4 Jahren bei Puderlos und hat als Kundendienstmonteur bei Puderlos angefangen. Da er aus der Praxis kommt, weiß er natürlich ganz genau, was für uns Monteure wichtig ist. Wir sind mit der Schulung sehr zufrieden und bekommen neben dem Zertifikat auch noch die kompletten Unterlagen der neuen Gasbrennwertgeräte mit.

Ganz besonders hat mich bei der Schulung gefreut, dass die Kantinenköchin von Puderlos wegen möglicher Vegetarier nachgefragt hat. Wie so oft war ich wieder der einzige »Veggi«, der dabei war. Die Köchin hat dann noch nur für mich Vegetarisches gekocht, wofür ich mich mehrfach bei ihr bedankt habe. Am Montag gab es Spaghetti mit vegetarischer Sauce Bolognese und heute gab es Gemüsepfannkuchen.

Beim Heimfahren sind die »Klimakleber« schon wieder von der Straße entfernt worden, und somit kommen wir pünktlich nach Hause. Ja, die Klimakleber nehmen sich ziemlich wichtig, was aber tatsächlich passiert, ist, dass die Bevölkerung eine richtige Wut auf diese Menschen bekommt. Egal, ob es Leute sind, die zu spät zur Arbeit kommen oder andere, die ihren Urlaubsflieger verpassen oder welche, die dringend zum Arzt oder ins Krankenhaus müssen. Für diese Mittel hat keiner Verständnis, sie heiligen auch nicht den an sich nachvollziehbaren Zweck.

30. August 2023

Zum Frühstück sitze ich an jedem Arbeitstag alleine am Tisch. Meine Cornelia fängt immer erst später an zu arbeiten. Da ich keine Tageszeitung abonniert habe, gehört auch das Rumdaddeln am Handy zu meinem morgentlichen Ritual.

Da schaue ich auch öfter mal die Rezessionen über unsere Firma an. Ein Großteil ist positiv. 5 Sterne werden nicht ganz erreicht, auch weil über mich eine negative Rezension geschrieben wurde. Der Vorfall, der sich ereignete, ist schon etliche Jahre her. Ein Ingenieur mit gültigem Wartungsvertrag für seine Pelletheizung hat bei uns eine Störung an seiner Heizung gemeldet. Er berichtete, dass er schon etliche Teile vom Kessel abgebaut und die Störungsursache gefunden habe. Ich ahne nichts Gutes, ein Reparaturauftrag mit Konfliktpotential.

Ein Kunde, der selber seine Heizung in Einzelteile zerlegt und uns dann zur Reparatur ruft, geht gar nicht. Schließlich zerlege ich auch nicht den Motor meines Autos in seine Einzelteile und lege diese dann vor der KFZ-Werkstatt ab, um zu guter Letzt dem KFZ-Meister zu erklären, was defekt ist.

Als ich dann vor Ort war, lagen die Einzelteile der Pelletschnecke tatsächlich am Boden verteilt. Die Fehlerdiagnose des Ingenieurs konntest du gleich »in die Tonne treten«. Der Fehlercode vom Pelletkessel hatte ganz andere Ursachen. Für mich bedeutete das alles doppelten Zeitaufwand, da ich erst wieder die Einzelteile der Schnecke zusammenfügen musste. Viele andere Monteure hätten zu diesem Zeitpunkt die Reparatur schon abgebrochen. Aufgrund des vorhandenen Wartungsvertrages entschied ich mich aber, die Reparatur durchzuziehen. Jedoch verwies ich den Verursacher des ganzen Übels, den Ingenieur, aus dem Heizungsraum. Er schlich dann wie ein »begossener Pudel« ohne Widerrede aus dem Heizraum. Ich brachte die Heizung zum Laufen und einige Tage später wechselte ich noch die bestellten Ersatzteile aus.

Für mich war das dann abgehakt. Der Ingenieur konnte es jedoch scheinbar nicht ertragen und verarbeiten, dass er von einem einfachen Handwerker zurechtgewiesen wurde. Vielleicht war er daraufhin in psychologischer Behandlung und ihm wurde geraten, mal über das Internet richtig »Dampf abzulassen«. Eine persönliche Aussprache oder ein Telefongespräch wären besser gewesen als das feige »Abkotzen« eines gekränkten Ingenieurs über das Internet.

31. August 2023

Es geht heute in die Mulzerstraße nach Lagerlechfeld, wo ich den Ölbrennwertkessel elektrisch anschließen muss und danach noch die Inbetriebnahme durchzuführen habe. Ich bin heute alleine auf der Baustelle, da Ferdinand und Sören gestern mit ihren Montagearbeiten fertig geworden sind. Aber das mag ich eh am liebsten, wenn ich alleine auf der Baustelle rumwurschteln kann. Mein Werkzeug und mein Material kann ich, ohne dass ich Rücksicht auf andere nehmen muss, im ganzen Heizungsraum verteilen. Es läuft heute alles nach Plan und geht ohne besondere Vorkommnisse voran.

Spannend wird es erst am späten Vormittag, als die Putzfrau auftaucht. Die Putzfrau arbeitet für den Hausmeisterservice, der für die beiden Gebäude zuständig ist, wo wir gerade die Heizungen erneuern. Im Treppenhaus kommt es zwischen uns zum ersten Small Talk. Bereits nach wenigen Sätzen war ich mir sicher, dass ich diese Frau von irgendwoher kenne. Aber von woher?? Ich gebe ihr zu verstehen, dass ich sie kenne, in der Hoffnung, dass sie das Rätsel auflösen kann. Aber sie hat scheinbar noch weniger Talent als ich, sich an Gesichter und Personen zu erinnern. Alle möglichen Dinge frage ich ab: Ob sie

Kundschaft von unserer Firma ist? Ob sie bei uns in der Firma aushilfsweise geputzt hat? Ob sie in Augsburg oder in Kaufering wohnt?

Der Durchbruch gelingt erst, als sie erwähnt, dass sie vor dem Einstieg beim Hausmeisterservice als Friseuse gearbeitet hat. Dann war mir sofort klar, dass sie mir beim Friseur in Kaufering schon mehrmals die Haare geschnitten hatte. Und auch bei ihr kommen vage Erinnerungen zurück. Seit dem 1.8. dieses Jahres arbeitet sie für den Hausmeisterservice. Der Grund für den Wechsel vom Friseur zum Hausmeisterservice ist, dass sie beim Hausmeisterservice wesentlich besser verdient.

Was ist das nur für eine Ungerechtigkeit, dass ich in einem Lehrberuf als Geselle weniger verdiene als ungelernte Arbeitskräfte, die als Putzfrauen arbeiten oder in anderen anspruchslosen Jobs tätig sind. Da braucht man sich dann auch nicht wundern, dass so viele Lehrstellen unbesetzt bleiben.

4. September 2023

Nach einem spannenden Wochenende geht es heute wieder zurück in den Arbeitsalltag. Am Freitag hatte ich meinen ersten Termin bei meinem neuen Zahnarzt Dr. Tex in Untermeitingen. Ich war 25 Jahre lang bei Dr. Beisenburger in Schwabmünchen und bin dort immer zufrieden gewesen. Unsere Firma hat im Wohnhaus von Dr. Beisenburger vor etlichen Jahren eine neue Gasheizung eingebaut. Wir haben die Heizung gut eingebaut und Dr. Beisenburger hat im Gegenzug die Zähne von meinem Chef und mir gut versorgt und gepflegt. Sozusagen eine »Win-Win-Situation«. Dr. Beisenburger wurden die Praxisräume gekündigt. Er ging dann übergangslos in den Ruhestand. Aber mein Gefühl sagt mir, dass ich auch bei Dr. Tex in guten Händen bin.

Am Samstag war dann das jährliche »Familienritual«, dass ich mit Cornelia, meinem Bruder Luis mit Freundin Katrin und meiner Schwester Doris und Ehemann Markus den neuen »Eberhofer«-Film angeschaut habe. Beim »Rehragout Rendezvous« im Kauferinger Kino wurde wieder viel gelacht, und das anschließende leckere Essen beim Italiener in Kaufering rundete den gelungenen Abend ab.

Am heutigen Montag habe ich den ganzen Tag Elektroarbeiten bei Familie Günzel in Bobingen zu erledigen. Es ist eine alte »Ossi«-Regelung gegen eine neue »Ossi«-Regelung zu tauschen. Herr Günzel möchte seine PV-

Anlage mit dem PV-gespeisten Elektroheizstab, der den Pufferspeicher erwärmen soll, auch für die Heizung nutzen. Der Regelungswechsel wird dann aber schwieriger als gedacht, da sämtliche anzuschließende Elektrokabel zu kurz sind. Abzweigdosen setzen und Kabel verlängern, das alles kostet viel Zeit und Nerven.

Nach einem tollen Wochenende ist der Wochenbeginn dann doch sehr stressig und macht nicht so viel Spaß …

5. September 2023

Um 7.30 Uhr habe ich einen Termin zur Wartung der Pelletheizung bei Familie Bowak in Graben. Herr Bowak ist Rentner, der viel Zeit hat und dem es auch mal langweilig ist. Das heißt, er würde am liebsten den kompletten Heizungskundendienst im Heizungsraum stehen und zuschauen. Herr Bowak ist so ein Fall, bei dem die Corona-Zeit einen Vorteil hatte. Ich konnte ihn mit Hinweis auf die Abstandsregel relativ schnell aus dem Heizungsraum weisen. Corona ist jetzt wieder vorbei und somit kann Herr Bowak jetzt seine Neugierde befriedigen. Inzwischen komme ich aber mit seiner Art zurecht und glaube, er ist mit meiner Arbeit auch zufrieden.

Als ich bei der Wartung den Rauchrohrdeckel zur Reinigung öffne, kommt ein ganz durchgegrillter Spatz im Rauchrohrkasten zum Vorschein – soweit ich das mit meinen ornithologischen Kenntnissen beurteilen kann.

Es kommt manchmal vor, dass so ein Vogel über den Kamin und das Rauchrohr in den Heizkessel gelangt und dann den Weg ins Freie nicht mehr findet. Man weiß auch nicht, ob der Spatz erstickt oder verdurstet ist. Man müsste zur Klärung der Todesursache eine Obduktion durchführen. Es könnte aber auch ein Suizid gewesen sein. Falls es kein Suizid war, spricht es nicht gerade für die Intelligenz des Spatzes, dass er sich den Weg zurück ins Freie nicht merken konnte.

Vor etlichen Jahren hatte ich mal eine Maus, die im Gebläserad eines Ölbrenners gelandet ist. Die Maus hat es auch nicht überlebt. Stundenlang wurde die Maus im Kreis gedreht, auch das ist kein schöner Tod. Ich selber habe auch keine große Freude am Karussellfahren oder an sonstigen Fahrgeschäften. Wenn ich mir vorstelle, dass ich Karussell fahren muss, bis ich tot bin ... Puhh!

Am Nachmittag sorgt Herr Bowak mit einem Anruf bei uns im Büro für Erheiterung, als er wissen will, wo ich den toten Vogel abgelegt habe. Wir rätseln dann im Büro, ob er noch Platz in der Tonne hat oder ob er ihn ganz würdig im Garten begraben will.

6. September 2023

Die Wiesenmann-Totrix-Ölbrenner sind was ganz Spezielles. Das war so ein Wiesenmann-Produkt, was nicht sehr lange auf dem Markt war und in dieser kurzen

Zeit schon sehr viel Ärger verursacht hat. Mit einer teuren Totrix-Spezial-Ölbrennerdüse ausgestattet und mit sehr vielen integrierten Versuchsbauteilen, die sich auf dem Brennermarkt nicht durchgesetzt haben. Kurz und knapp ausgedrückt, war der Wiesenmann-Totrix-Ölbrenner einfach eine Fehlkonstruktion. Im Laufe der Jahre sind die meisten Totrix-Brenner verschwunden. Der letzte überlebende Totrix-Ölbrenner in unserem Kundenstamm läuft noch bei Familie Zirchhain in Bobingen. Dort bin ich heute bei der Wartung. Seit etlichen Jahren übernehme ich den Kundendienst bei den Zirchhains. Auch am heutigen Dienstagmorgen gibt es wie jedes Jahr Kaffee und leckeren Kuchen. Als ich vor 15 Jahren das erste Mal an ihrer Heizung tätig gewesen bin, war Frau Zirchhain mir gegenüber sehr skeptisch und hat dann auch gleich nach Simon gefragt. Warum der heute nicht komme und den seien sie gewohnt und der sei doch immer da gewesen. Inzwischen ist die Familie Zirchhain mit mir auch sehr zufrieden und ich fahre da gern hin zum Kundendienst.

Später habe ich bei Familie Lebhard in Augsburg Elektroarbeiten und die anschließende Inbetriebnahme am neuen Gasbrennwertgerät zu erledigen. Matze und Maik sind noch bis Mittag mit ihren Installationsarbeiten beschäftigt. Kaum habe ich meine Arbeiten begonnen, steht Herr Lebhard auch schon neben mir und weicht nicht mehr von meiner Seite. Seine Begründung für die Dauerbelagerung ist, dass er halt neugierig sei. Als er kurz weg ist, frage ich Matze, ob der Hausherr die ganze Zeit neben einem stehe. Von Matze kommt ein klares »Ja!«. Ich zeige dann Matze mal, wie man solche Fälle erledigt. In einem kurzen, aber sehr bestimmten Gespräch mache ich Herrn Lebhard klar, dass ich zum Arbeiten meine Ruhe brauche und er nicht die ganze Zeit neben mir stehen müsse. Herr Lebhard geht und Matze ist erstaunt.

Nach meiner Inbetriebnahme der Anlage führe ich noch eine ausführliche Einweisung mit dem Kunden durch. Herr Lebhard lädt mich noch zu einer Tasse Kaffee auf seiner Terrasse ein, was ich natürlich gerne annehme. Wir sprechen noch mal darüber, warum ich ihn aus dem Heizungsraum rausgeschickt habe und er berichtet, dass er es eigentlich auch nicht mag, wenn er beim Arbeiten beobachtet wird. Unser Gespräch nimmt schon fast freundschaftliche Züge an und endet damit, dass er gerne meine Handynummer hätte. Was ich aber ablehne, denn so tief ist unsere Freundschaft dann doch nicht …

7. September 2023

Nach 35 Jahren im Kundendienstbereich hast du als Monteur natürlich immer Heizungen, an denen du gerne die Wartung durchführst und du hast immer welche, an denen du nicht so gerne den Kundendienst machst. Diese Wartungen werden dann gerne mal nach hinten geschoben, aber früher oder später kommt man dann nicht drum herum, auch die unbeliebten Heizungen zu warten.

Heute ist ein guter Tag, ich habe 3 Reishaupt-WL5-Brenner zu warten. Reishaupt hat schon immer die besten Brenner gebaut, und der WL5-Brenner ist einfach schön zum Reinigen und einfach zum Einstellen.

Am Vormittag bin ich bei Familie Frecheisen in Augsburg, wo der jährliche Kundendienst zu machen ist. Frau Frecheisen hat immer gute Laune und mit ihr kann man sich immer gut unterhalten. Beim naheliegenden Thema mit dem neuen Heizungsgesetz wird es dann natürlich politisch. Bei den Frecheisens sind auch Umwelt und Nachhaltigkeit wichtig, aber die Grünen und der Rest der Regierung sind bei Familie Frecheisen schon lange unten durch.

Familie Frecheisen hat vor 10 Jahren ihr Haus komplett renoviert und die Ölheizung, die zu diesem Zeitpunkt noch gut in Schuss war, nicht ausgewechselt. Sie haben damals sehr viel Geld investiert, um ihr Haus nach ihren Wünschen und Vorstellungen zu renovieren. Wenn im schlimmsten Fall ihre Heizung nächstes Jahr einen Totalschaden hätte, müssten sie das Doppelte oder Dreifache für eine Wärmepumpe investieren, anstatt jetzt eine günstige Ölheizung zu kaufen.

Später bin ich noch bei Familie Kott in Königsbrunn, wo ich zum 18. Mal in Folge den Kundendienst an der Ölheizung durchführe. Herr Kott ist schon vor etlichen Jahren verstorben, Frau Kott ist dieses Jahr verstorben. Die Tochter, Frau Milla, ist jetzt für das Haus zuständig. Ich hoffe und wünsche mir, dass ich zu ihr auch so ein gutes Verhältnis bekomme wie zu ihren Eltern.

Dann habe ich wieder das Gefühl, dass ich schon ewig bei meiner Firma bin und dass ich auch schon ganz schön alt sein muss ...

11. September 2023

Otto ist heute wieder den ersten Tag im Betrieb nach seinen 3 Wochen Sommerurlaub. Er schlendert recht lustlos auf das Betriebsgebäude zu, aber warum soll es ihm anders gehen als den anderen Kollegen? Je länger du im Urlaub bist, umso schwerer fällt dir der erste Tag nach dem Urlaub.

Am heutigen Montagmorgen sind natürlich nicht die anstehenden Arbeiten das wichtigste Thema, sondern vorrangig geht es um die Sportereignisse des vergangenen Wochenendes. Die Deutschen sind Basketball-Weltmeister geworden, was uns alle begeistert hat. Und unsere Fußballer haben eine 1:4-Klatsche gegen Japan erlitten. Das war dann auch der letzte Arbeitstag von Bundestrainer Hansi Flick. Er wurde zu Recht entlassen – wenn wir in der Arbeit so lange Zeit keinen Plan hätten und keine Leistung abrufen könnten, hätten wir vom Chef auch unsere Kündigung bekommen.

Mein Montagmorgen beginnt mit einem Termin bei Frau Broka in Inningen, die über eine Empfehlung ihrer Nachbarin zu unserer Firma gekommen ist. Bisher hat die Heizungswartung jemand aus ihrer Verwandtschaft gemacht, der angeblich bei einer Heizungsfirma arbeitet. Die Heizung ist in einem sehr schlechten Zustand, mein Eindruck ist, dass die Heizungsanlage schon jahrelang nicht mehr gut gewartet wurde. Ich vermute, dass der Verwandte von Frau Broka im Büro der Heizungsfirma arbeitet. Die Heizung ist ungefähr 10 Jahre alt und das Neutralisationsgranulat wurde augenscheinlich noch gar nicht erneuert. Der Schwimmer vom Siphon wurde nach der Reinigung nicht mehr eingebaut und fehlt somit ganz. Der Abgasreinigungsdeckel am Kessel wurde mit einer falschen Dichtung und mit Silikon abgedichtet. So viel Murks an einer Anlage, da deutet nichts auf einen guten Kundendienstmonteur hin.

Später muss ich noch zum Kundendienst zu Herr Loccipitchi nach Augsburg. Da mag ich immer nicht so gerne hin, weil seine Hofeinfahrt so eng ist und nur mit ganz viel Schräglage zu meistern ist. Man hat da tatsächlich beim Durchfahren der Hofeinfahrt Angst, dass der Firmenkombi ins Kippen kommen könnte. Aber ich werde dann richtig positiv überrascht, die Einfahrt wurde ohne Schräglage neu geteert. Ab heute fahre ich wieder gerne zu Herrn Loccipitchi …

12. September 2023

Ab heute sind wieder der Chef und die Chefin im Büro. Nach 3 Wochen Urlaub haben die beiden mit Sicherheit einiges aufzuarbeiten, vor allem die Hagelschäden.

Bei mir geht es mit einem Kundendienst an der Pelletheizung der Familie Sigfund aus Königsbrunn los. Danach mache ich mich auf dem Weg ins Büro, um weitere Kundendiensttermine für heute und für die nächsten Tage auszumachen. Ich treffe im Büro auf die Chefin und frage, wie ihr Urlaub war, und spreche ihr dann auch mein Mitgefühl wegen des Hagelschadens aus. Die Chefin wirkt noch recht entspannt und meint, dass alles nicht so schlimm sei, solange es keine Personenschäden gäbe. Ich nehme das zur Kenntnis und bin überrascht von ihrer Lockerheit. Ich kenne sie eher so, dass sie bei Ärger sehr schnell aus der Haut fährt. Vielleicht hat der dreiwöchige Urlaub für viel Entspannung und Ausgeglichenheit gesorgt.

Es geht dann für mich weiter zu einer kleinen Wohnanlage in der Gartenstraße in Bobingen, wo ich den Kundendienst an einer älteren Ölheizung zu machen habe. Die Heizung läuft schon jahrelang problemlos durch und ist einfach zu warten.

Nach der Mittagspause komme ich nochmals ins Büro, um weitere Wartungen für heute und die nächsten Tage zu terminieren. Beim ersten Anrufversuch stelle ich dann fest, dass unsere Telefonanlage schon wieder mal nicht funktioniert. Ich kann nicht raustelefonieren, was die letzten Tage schon öfter mal passiert ist. Es dauert nicht lange, dann stürmt die Chefin aus ihrem Büro und schimpft wie ein Rohrspatz wegen des Ausfalls der Telefonanlage. Sie schildert in lautem Ton und sichtlich erregt, dass sie jetzt 15 Minuten in der Warteschleife bei der Versicherung war, dann kam sie endlich durch und konnte nur kurze Zeit von den Hagelschäden berichten, weil dann auch bei ihr die Telefonanlage versagte.

Ich stelle fest, wir haben wieder die »alte« Chefin, die sich, wenn auch zu Recht, wieder furchtbar aufregt und schimpft. Die ganze Urlaubserholung ist schon wieder dahin, so ist auf jeden Fall mein Eindruck.

13. September 2023

Heute geht es zu alten Bekannten nach Reinhartshofen. Bei Familie Behm habe ich die elektrischen Anschlussarbeiten und die Inbetriebnahme an ihrer neuen Ölbrennwertheizung durchzuführen. Familie Behm kenne ich schon seit 25 Jahren. Sie war Kundschaft von meiner ehemaligen Heizungsfirma Gießenbacher aus Wehringen. Seit etlichen Jahren werden sie jetzt schon von unserer Firma betreut. Aufgrund der verrückten Pläne der Regierung haben sie sich entschlossen, dass sie sich nochmals eine Ölheizung einbauen lassen.

Maik und Momo haben die Montage des neuen Kessels übernommen. Maik hat seine Lehre inzwischen abgeschlossen und ist als Geselle übernommen worden. Ich bin mit Maik während seiner ganzen Lehrzeit nie so richtig viel ins Gespräch gekommen, warum auch immer. Ich hatte aber immer so ein wenig das Gefühl, dass er eine etwas große Klappe hat, und dass eventuell nicht viel dahintersteckt.

Das Gespräch heute hat mir aber dann doch vermittelt, dass Maik einen Plan hat und ein netter Arbeitskollege ist. Er erzählt mir, dass er wegen seines Realschulabschlusses automatisch eine Lehrzeitverkürzung hatte. Er möchte jetzt einige Jahre bei uns als Geselle arbeiten und anschließend seine Meisterprüfung ablegen. Er würde dann mal gerne mehr im Büro arbeiten oder sich als Kundendienstmonteur einbringen wollen. Auf jeden Fall etwas, wo er die Zeit bis zur Rente mit 70 oder 80 Jahren körperlich leichter durchstehen kann. Ich erzähle ihm auch ein wenig von mir, dass mir die 4-Tage-Woche wirklich wichtig war und dass es schon ein Grund gewesen wäre, die Arbeitsstelle zu wechseln, wenn es bei unserer Firma nicht möglich gewesen wäre.

Dann kommt von Maik noch ein unerwartetes Lob für mich. Er meint, dass ich durch das, was ich alles könne und für den Betrieb mache, für den Betrieb »unentbehrlich« sei. Ein Lob von einem jungen Mitarbeiter für so einen »alten Kollegen« tut auch mal gut.

14. September 2023

Am Morgen sind auf dem Betriebshof, wo die Firmenfahrzeuge stehen, alle Monteure und alle Lehrlinge damit beschäftigt, Material und Werkzeug für den heutigen Arbeitstag in die Fahrzeuge zu laden. In der Zeit von 7 Uhr bis 7.15 Uhr ist Hochbetrieb auf dem Betriebshof. Das lebhafte Treiben, die Hektik, die Lautstärke, all das erinnert mich plötzlich ein wenig an einen afrikanischen Wochenmarkt in Arusha/Tansania, wo ich im Jahr 2014 nach unserer Kilimandscharo-Besteigung war. Doch spätestens als ich durch die weißen Beine meiner Kollegen geblendet werde (seit Kurzem sind unsere kurzen Hosen im Einsatz), bin ich zurück in der Realität.

Zwischen den Monteuren und den Fahrzeugen entdecke ich dann unseren neuen Lehrling Magnus. Er versucht, das schwere, unhandliche Solarspülgerät ins Fahrzeug zu hieven. Ich helfe ihm, bevor er sämtliche Kraftreserven für diesen Tag aufgebraucht hat.

Die Lehrlinge sind auch nicht mehr das, was sie früher mal waren. Vor etlichen Jahren hatten wir noch viele kräftige Lehrlinge, das hatten wir unserem ehemaligen Kollegen, dem »Sklaventreiber« Freddy, zu verdanken. Der Lehrling, der auf seiner Baustelle war, musste nach jeder misslungenen Aktion (Loch an der falschen Stelle gebohrt, Rohrschelle schief montiert, falsches Material vom Fahrzeug gebracht und vieles mehr ...) sofort 20 Liegestütze auf der Baustelle machen. Die Lehrlinge, die oft auf den

Baustellen von Freddy gearbeitet haben, hatten am Ende ihrer Lehrzeit einen Körperbau wie ein Bodybuilder. Das Solarspülgerät, an dem sich Magnus heute verausgabt hat, hätten diese Lehrlinge mit einer Hand ins Auto gehievt.

Viele von diesen Lehrlingen sind schon lange nicht mehr bei uns. Ich kann mir auch vorstellen, dass die meisten von ihnen nicht mehr in ihrem erlernten Beruf tätig sind. Es würde mich aber nicht überraschen, wenn einer der ehemaligen Lehrlinge von Freddy mit seinem muskelbepackten Körper auf einem Werbeprospekt für Unterwäsche auftauchen würde.

25. September 2023

Montagmorgen, meine Urlaubswoche ist vorbei, der Alltag hat mich wieder. Bei Familie Feilscher in Bergheim ist der Kundendienst am Tolvis-Gaskessel durchzuführen. Da bin ich schon mal 2 Stunden beschäftigt. Auch das Telefon ist heute schon sehr aktiv. Zuerst ruft mich Frau Schmidbaum aus Königsbrunn an und gibt mir den Auftrag, sämtliche Heizungen in ihren Häusern zu warten. Frau Schmidbaum ist eine der wenigen Kunden, die meine Handynummer haben. Ich kenne Frau Schmidbaum noch als Kundin von meiner alten Heizungsfirma. Wir Kundendienstmonteure telefonieren immer mit unterdrückter Nummer. Weil sich die Kunden unsere Nummern notieren und uns direkt anrufen würden. Wir möchten aber, dass die Kunden im Büro anrufen und dort ihre Probleme melden.

Kurz nach Frau Schmidbaum ruft mich Otto an und fragt mich, was ich heute Nachmittag mache. Ich antworte spaßeshalber: »Ich gehe Eis essen bei dem schönen Wetter.« Dann kommt Otto aber auf den Punkt und beichtet, dass er auf der Baustelle ein Elektrokabel angebohrt hat. Otto verschiebe ich dann aber mal auf die nächsten Tage, da mir die Traute eine Störung in einer Wohnanlage in der Donaustraße in Bobingen gemeldet hat. Als ich dann später in der Donaustraße nach der Ursache für die gemeldete kalte Fußbodenheizung suche, werde ich schnell fündig. Irgendjemand hat die Pumpe der Fußbodenheizung abgeschaltet. Auf meine Nachfrage bei bestimmten Personen, die ich im Verdacht habe, will es dann aber keiner gewesen sein.

Später treffe ich noch Frau Pohner, die gute Seele der Wohnanlage, die sich immer um alles Mögliche kümmert. Frau Pohner ist über unser Zusammentreffen sehr erfreut und meint, dass ich immer gut gelaunt sei. Na ja, immer bin ich nicht gut gelaunt, aber ich lasse ihre Meinung einfach mal so stehen.

26. September 2023

Meine erste Fahrt geht heute Morgen zum Autohaus in Scheuring, wo ich Simon abholen muss. Simon lässt sein Auto heute in der Werkstatt, weil einige Reparaturen durchzuführen sind.

Wir Kundendienstler haben für heute Vormittag keine Termine ausgemacht. Der Grund dafür ist, dass Herr Kammling von der Firma Raddotherm die neue Wärmepumpe, die wir im Betrieb montiert haben, heute Vormittag in Betrieb nimmt. Der Raddotherm-Kammling kommt etwas später, als ausgemacht war.

Um 9.30 Uhr trifft er dann im Betrieb ein. Von unserer Seite wollen der Chef, Meister Donald, Dodo, Simon, Theo und ich bei der Inbetriebnahme dabei sein. Herr Kammling ist ziemlich überrascht, dass die Inbetriebnahme, die er entspannt geplant hatte, dann doch eher zu einer Wärmepumpen-Schulung mit vielen offenen Fragen wird. Am Anfang wirkt er noch sehr locker und meint, dass die Inbetriebnahme der Wärmepumpe ganz einfach und schnell zu erledigen sei. Als dann nach dem Einschalten der Anlage nicht viel funktioniert, wird er sichtlich nervös. Man merkt ihm an, dass er mehr der Innendienstler ist und nicht der Service-Monteur, der jeden Tag auf der Baustelle ist. So nach und nach kommen dann immer mehr Fragen von uns, die er vor Ort nicht alle beantworten kann. Aber nach dem Recherchieren in seiner Firma möchte er die passenden Antworten nachliefern. Am Ende läuft die Wärmepumpe und wir haben doch einiges gelernt.

Am Nachmittag fahre ich mit Simon nach Fischach, wo Otto und Sören auf ihrer Baustelle sind. Otto hat schon wieder ein Kabel angebohrt, das repariert werden muss. Es läuft wie immer ab. Zuerst mal werde ich Otto wieder als Pfuscher beschimpfen, weil er das Kabel angebohrt hat.

Dann folgt die Reparatur des Kabels. Im anschließenden Small Talk erfahre ich vom Otto, dass sie am Ende der Woche die halbfertige Baustelle abbrechen werden, da dem Kunden das Geld ausgegangen ist. Erst wenn der Kunde eine andere Wohnung, die ihm gehört, verkauft hat, ist er wieder flüssig und es kann weitergehen auf der Baustelle.

27. September 2023

Heute Morgen muss ich bei Familie Wurger in Königsbrunn den Regler für die Fernwärmeheizung überprüfen und einstellen, was dann auch gut klappt.

Danach steht die Wartung am Tolvis-Ölkessel bei Herrn Störmann in Deuringen an. Diese Wartungen am Tolvis-Kessel will bei uns im Betrieb keiner gerne machen und so liegen diese Wartungsaufträge meistens an meinem Platz im Büro. Die Wartungen an den Tolvis-Kesseln sind ziemlich aufwendig und nicht ganz so einfach. Heute klappt es aber gut.

Bei Herrn Luck in Göggingen ist schlechte Stimmung. Herr Luck ist so um die 80 Jahre alt und wegen seiner Heizung ist er oft schlecht gelaunt.
Er schimpft, dass jedes Mal im Herbst beim Einschalten der Heizung irgendetwas nicht funktioniere. Heute muss ich nur einen Wackelkontakt im Pumpenanschlussstecker beseitigen. Ich frage ihn dann noch, warum er seine Solaranlage abgeschaltet hat. Er motzt dann, dass die Solar-

anlage ja noch nie richtig funktioniert hat. Anschließend gehe ich und lasse Herrn Luck mit seiner schlechten Laune zurück.

Als ich mittags ins Büro komme, spricht mich Sonnhilde gleich an, dass sie noch einen Spezialauftrag für mich hat. Spannend!! Es ist dann aber nur eine Wartung, die von den anderen Kundendienstmonteuren eh keiner übernehmen will. Es geht um den Gasheizeinsatz eines Kachelofens. Solch eine Wartungsarbeit hat man eher selten. Ich sage Sonnhilde zu, dass ich diese Wartung bei Frau Merz in Bobingen erledigen werde.

Am späten Nachmittag geht es noch zu Frau Schmidbaum aus Königsbrunn, um den Kundendienst an ihrer Ölheizung durchzuführen. Frau Schmidbaum ist inzwischen 92 Jahre alt und ich betreue sämtliche Heizungen in ihren Häusern seit 25 Jahren. Zwischen uns beiden besteht so ein gutes Vertrauensverhältnis, dass wenn mal eine Reparatur ansteht, ich den Auftrag sofort von ihr bekomme, ohne dass wir vorher ein Angebot machen müssen. Als ich nach der Wartung das Haus verlasse, berichte ich Frau Schmidbaum, dass wir uns inzwischen seit 25 Jahren kennen. Frau Schmidbaum antwortet, dass wir beide dann ja »Silberhochzeit« hätten und umarmt mich ganz spontan. Das war eine richtig nette Geste dafür, dass sie mich und meine Arbeit schätzt. Das war mir mehr wert als ein Trinkgeld. Wobei ich mich dann aber trotzdem über das reichliche Trinkgeld von Frau Schmidbaum freue …

28. September 2023

»Alle Jahre wieder« lautet das Motto mit unseren vielen Krankmeldungen im September. Diese Woche sind Norbert, Sören und Momo krank. Jetzt geht wieder die Jahreszeit los, in der wir jede Woche 2 bis 3 Kranke haben. Für mich stellt sich dann immer die Frage, ob die wirklich alle krank sind oder ob sich so mancher Mitarbeiter einfach eine »Auszeit« gönnt.

Der erste Termin am heutigen Tag ist bei den Schwestern Votyrba in Lagerlechfeld. Die jährliche Pelletwartung ist durchzuführen. Beim kurzen Gespräch vor der Wartung bittet mich Frau Votyrba, den Aschebehälter bei der Wartung zu leeren. Letztes Jahr hatte ich das angeblich nicht gemacht und 4 Wochen nach der Wartung kam die Meldung »Aschebox leeren«. Ich leere bei jedem Kundendienst die Aschebox aus, und es kann nicht sein, dass die Aschebox schon 4 Wochen nach dem Kundendienst wieder voll gewesen sein soll. Da steht dann meine Meinung der Behauptung von Frau Votyrba gegenüber. Meine Rettung ist dann der Fehlerspeicher in der Regelung. Beim Auslesen des Fehlerspeichers stelle ich fest, dass die erste Störmeldung nach dem Kundendienst erst 3 Monate später erscheint. Somit bin ich entlastet und unschuldig. Trotz der unterschiedlichen Meinungen gibt es für mich dann noch Kaffee und Trinkgeld.

Später muss ich noch zu Familie Oropp nach Bobingen. Eigentlich ein ganz normaler Kundendienst an einem älteren Ölkessel. Aber Oropps sind Rentner, die den ganzen Tag zu Hause sind. Die sehen dann ganz viele Dinge, die schon lange gerichtet werden sollten. Wenn dann mal ein Monteur greifbar ist, kann man gleich ganz viele Arbeiten anschaffen: Ablauf prüfen und reinigen, der Gartenwasserschlauch ist undicht, der Klodeckel wackelt usw. Ich habe dann aber ganz schnell eine Ausrede, dass ich dringend weitermuss …

29. September 2023

Da mein Bereitschaftswochenende ansteht, muss ich am heutigen Freitag zur Arbeit gehen. Mit den freien Freitagen ist dann erst mal Schluss. Ab Oktober habe ich anstatt der 3 freien Freitage im Monat 3 freie Montage. Diese neue Regelung mussten Simon, der Chef und ich aushandeln, nachdem Simon auch die Viertagewoche haben wollte. Somit werden Simon und ich halbjährlich die freien Montage und die freien Freitage wechseln.

Beim ersten Kundendienst bei Familie Lausch aus Königsbrunn gibt es mal wieder politische Diskussionen. Natürlich geht es um das Versagen unserer Regierung. Ich stelle fest, dass auch Familie Lausch völlig unzufrieden mit der Regierung ist, wie ein sehr großer Teil der Deutschen. Weder Familie Lausch noch ich ist ausländerfeindlich und wir sind auch nicht »rechts«, wir wollen einfach nur eine andere Migrationspolitik. Wir sind uns einig, dass es fast keinen Unterschied zwischen dem Bürgergeld und einem schlecht bezahlten Arbeitsplatz gibt. Somit haben natürlich viele Deutsche und auch viele Ausländer keinen Anreiz zum Arbeiten.

Das Internet ist für uns bei dem Migrationsproblem ein Fluch. Da gibt es natürlich schnelle, umfangreiche und transparente Informationen, dass in Deutschland die höchsten Sozialleistungen erhältlich sind, und dass es keinerlei Druck gibt, der einen zum Arbeiten verpflichtet. Ich stimme mit Familie Lausch überein, dass das Bürgergeld nicht bar, sondern in Form von Essenspaketen, Essensmarken und Gutscheinen für Kleidung in Second-Hand-Läden ausgegeben werden sollte. Aber unsere Regierung verschwendet die hart erarbeiteten Steuergelder ohne schlechtes Gewissen. In Deutschland hat man noch nie so sehnsüchtig auf die nächsten Bundestagswahlen gewartet, um diese Versager endlich abwählen zu können.

2. Oktober 2023

Am heutigen Brückentag haben nur Simon und Meister Donald frei. Aber Ferdinand und Sören sind ja nach wie vor krankgeschrieben und somit ist es im Betrieb heute recht übersichtlich. Mein Bereitschaftswochenende war ruhig und auch heute Morgen sind noch keine Störungen gemeldet.

Als ich auf Matze treffe, muss ich gleich an die FCA-Fans denken, die sich bei der 0:2-Niederlage in Freiburg wieder mal völlig danebenbenommen haben. Bei den FCA-Fans sind halt leider auch ein paar Dumpfbacken mit dabei, die den 1. Oktober gerne mal mit dem 31. Dezember verwechseln. Dementsprechend ist dann auch das Feuerwerk im Freiburger Stadion ausgefallen. Diese angeblichen Fans haben leider wieder einmal nicht nur die Gesundheit der restlichen Stadionbesucher gefährdet, sondern sind auch dafür verantwortlich, dass der FCA wieder eine sehr hohe Geldstrafe an den DFB bezahlen muss. Ich spreche unseren Hooligan Matze darauf an, ob er gestern bei den Zündlern dabei war. Matze versichert glaubhaft, dass er gestern in Österreich war und somit aus dem Verdächtigenkreis raus ist.

Am Nachmittag habe ich noch einen Termin zu einer Ölkesselwartung bei Familie Gröhlich in Oberottmarshausen. Die beiden sind über 80 Jahre alt und haben, wie ich inzwischen weiß, auch Probleme mit ihren Ohren. Ich läute Sturm, ich klopfe an sämtlichen mir zugänglichen

Fenstern, ich suche den Garten ab, ich rufe laut und es tut sich nichts. Trotz Termin sind die beiden ausgeflogen. Als ich gerade meine Werkzeugtasche im Firmenfahrzeug verstaue, öffnet Frau Gröhlich wohl eher zufällig die Haustüre. Frau Gröhlich fragt mich, warum ich denn nicht geklingelt habe.
Manchmal wäre ein Hörgerät sinnvoll ...

4. Oktober 2023

Zurzeit habe ich viele Pelletkessel, bei denen die Wartung durchzuführen ist. Bei Pelletkesseln sind immer viel Asche und Schmutz zu beseitigen. Trotz meiner Schutzmaßnahmen mit Gehörschutz, Staubmaske und Schutzbrille hat mich der schmutzige Pelletkessel, den ich am Montag hatte, geliefert.

Am gestrigen Feiertag litt ich unter Atemnot und Schlappheit. Eigentlich gute Voraussetzungen für eine Krankmeldung für die restliche Woche. Da ich aber ein guter, zuverlässiger Arbeitnehmer bin, gehe ich heute selbstverständlich zum Arbeiten. Mir geht es heute auch wieder etwas besser.

Zu meiner großen Freude steht heute in der Früh wieder eine Pelletkesselreparatur an. Bei Familie Wahn in Klosterlechfeld sind die Isolierplatten zu erneuern. Als ich bei Familie Wahn klingele, öffnet mir der Hausherr die Tür. Wir kennen uns schon lange und duzen uns. Der

Hausherr betreibt zusammen mit seinem Bruder ein Erdbau- und Abbruchunternehmen. Herr Wahn berichtet, dass ihm für die nächste Zeit viele Aufträge weggebrochen sind. Da nicht mehr viel gebaut wird, gibt es auch für ihre Firma nicht mehr viele Aufträge. Er meint, er sei froh, dass er und sein Bruder die Firma ohne Angestellte betreiben. Für Angestellte hätte er zurzeit überhaupt keine Arbeit. Die Angestellten müsste er bei der Flaute entlassen. Es fallen momentan nur kleine Arbeiten an, mit denen sich die beiden Brüder beschäftigen können. Dass die Baukosten so in die Höhe gegangen sind, haben wir ja auch schon wieder meinen »Lieblingen« von den Grünen zu verdanken.

Immer höhere Anforderungen an die Isolierung des Gebäudes und immer aufwendigere und somit teurerer Heizungssysteme, alles gesetzlich geregelt, machen das Bauen zusätzlich zu den gestiegenen Materialpreisen einfach viel teurer. Solche Versprechungen wie die 400.000 neuen Wohnungen im Jahr von unserer Bauministerin kannst du gleich »in die Tonne kloppen«. Aber da passt die Bauministerin wenigstens zum erbärmlichen Bild, das die komplette Regierung in dieser schwierigen Zeit abgibt.

5. Oktober 2023

Mein erster Kundendienst am heutigen Donnerstag ist bei Familie Schneidig in Bobingen. Familie Schneidig kenne ich seit ungefähr 25 Jahren. Das ist auch eine Kundschaft meiner ehemaligen Firma Gießenbacher aus Wehringen. Die Firma Gießenbacher gibt es ja seit 2 oder 3 Jahren nicht mehr. Herr Gießenbacher ist Ende letzten Jahres verstorben. Unsere Firma hat viel Kundschaft aus dem alten Kundenstamm der Firma Gießenbacher übernommen. Teilweise zufällig, aber viele sind auch gekommen, weil sie mich noch von meiner alten Firma her kannten und offensichtlich ganz zufrieden waren mit meiner Arbeit an ihrer Heizung.

Im Gespräch mit Herrn Schneidig kommen wir natürlich auf Herrn Gießenbacher zu sprechen. Herr Schneidig hatte gar nicht mitbekommen, dass Herr Gießenbacher im Dezember letzten Jahres verstorben ist. Als ich erwähnte, dass Herr Gießenbacher 82 Jahre alt geworden ist, meinte Herr Schneidig: »So alt schon, ja da kann man schon mal sterben.« Sehr gewagte Antwort, wenn man selber schon so um die 80 Jahre alt ist.

Nach dem Kundendienst an dem 2 Jahre alten Gasbrennwertgerät geht es weiter zu Frau Stingler nach Königsbrunn. Sie kam vom Urlaub zurück und schafft es nicht mehr, die Uhrzeit an ihrer Heizungsregelung einzustellen. Wenn die Kundschaft bei Urlaubsantritt den Strom von der Regelung abschaltet, dann gehen oft die Uhrzeit und die Datumseinstellung verloren. Grund dafür ist oft ein schwacher oder defekter Akku in der Uhr der Heizungsregelung. Die Kosten für meinen halbstündigen Einsatz zum Einstellen der Schaltuhr machen die ganze Ersparnis des Abschaltens des Gaskessels zunichte.

Heute ist »Stingler-Tag«. Nach dem Einsatz bei Frau Stingler in Königsbrunn muss ich zu Familie Stingler in Bobingen. Die sind aber weder verwandt noch verschwägert. Dort sind die Elektroarbeiten und die Inbetriebnahme an der neu installierten Gasbrennwertheizung von mir durchzuführen.

Mein erster Eindruck auf der Baustelle ist schon wieder ganz schrecklich. Enger, kleiner Heizungsraum, Theo im Heizungsraum, Maik im Heizungsraum, ein wenig später auch noch der Chef für sein Aufmaß im Heizungsraum. Ich bekomme wieder mal Platzangst, was aber keine anerkannte Krankheit ist und somit beginne ich dann meine Elektroarbeiten.

6. Oktober 2023

Auch heute beginnt der Tag mit dem gestrigen Problem – Platznot im Heizungsraum. Theo im Heizungsraum, Maik im Heizungsraum und anstatt des Chefs steht heute zusätzlich das Solarspülgerät im Heizraum. Das wird mir dann alles zu viel!! Ich breche die Baustelle ab und werde am späten Vormittag wieder zurückkommen und auf der Baustelle weitermachen.

Es ist dann aber schwierig, am frühen Morgen kurzfristig einen anderen Termin zu bekommen. Es klappt dann aber sehr schnell mit einem Termin bei Herrn Tinzer in Königsbrunn. Der machte Druck bei seiner Auftragserteilung im Büro, damit seine Reparatur schnell erledigt wird. Da bin ich dann auch kurzfristig willkommen. Sein Problem ist, dass er einen ständigen Wasserverlust in seiner Heizungsanlage hat und jeden zweiten Tag Wasser nachfüllen muss. Nachdem ich sämtliche Stellen innerhalb des Heizungsraumes, die für eine Undichtheit infrage kommen, geprüft habe und nichts feststellen konnte, werde ich noch das Ausdehnungsgefäß prüfen. Das Ausdehnungsgefäß wurde von mir erst vor einem halben Jahr erneuert, aber auch Neuteile können eine Macke haben. Im Ausdehnungsgefäß befindet sich eine Gummimembrane, aber man kann nicht reinschauen und sehen, ob die Membrane funktioniert. Man kann einiges prüfen, muss auch ein wenig spekulieren und sich auf sein Gefühl verlassen. Mein Gefühl heute sagt mir, dass mit dem Ausdehnungsgefäß etwas nicht stimmt und dass ich ein neues Ausdehnungsgefäß bestellen und es in den nächsten Tagen einbauen werde.

Später geht es dann noch mal auf die Stingler-Baustelle in Bobingen. Theo und Maik räumen gerade die Baustelle und sind dann auch bald auf dem Weg zurück zur Firma. Bei so viel Platz und Ruhe auf der Baustelle komme ich richtig gut voran mit meinen Elektroarbeiten und gehe entspannt in mein 3-Tage-Wochenende. Ab kommender Woche habe ich ja anstatt freitags immer am Montag frei.

10. Oktober 2023

Nach meinem langen Wochenende mit dem erstmals freien Montag geht es auch am Dienstagmorgen erst mal ganz entspannt los. Von Zuhause in Kaufering fahre ich zuerst mal nach Scheuring, wo ich in der Werkstatt einen Termin zum Reifenwechsel habe. Die Wartezeit lässt sich mit der Tageszeitung ganz gut überbrücken.

Mit den frisch montierten Winterreifen geht es dann zu Familie Klehmann nach Göggingen. Die Klehmanns haben von uns eine neue Ölheizung bekommen und ich habe heute die Aufgabe, die Restarbeiten zu erledigen. Fehlende Isolierschalen montieren, Firmenaufkleber anbringen und schließlich die Einweisung mit dem Kunden durchführen. Nach der abschließenden Übergabe der Bedienungsanleitungen und nachdem der Kunde den Arbeitsbericht unterschrieben hat, ist die Baustelle abgeschlossen.

Danach fahre ich wieder zu Familie Stingler, um die restlichen Elektroarbeiten und die Inbetriebnahme der Heizung durchzuführen. Heute habe ich wieder Platz und Ruhe im Heizungsraum, was mir vieles erleichtert. Ich schaffe es ohne viele Überstunden, die Anlage zum Laufen zu bringen. Diese Woche wird für mich eh noch ziemlich stressig, da ich dreimal Elektroarbeiten zu machen habe.

Im Büro treffe ich dann noch auf Ulla, die 3 Wochen im Urlaub war. Ulla fragt mich spaßeshalber, ob ich sie vermisst habe. Ich antworte natürlich: »Ganz arg habe ich dich vermisst.« Es gibt dann viel Gesprächsstoff. Sie war mit ihrem Robert in Botswana im südlichen Afrika auf Safari-Tour. Da ich 2014 in Tansania war und auch mehrere Safari-Touren mitgemacht habe, können wir uns natürlich darüber austauschen, welche Tiere man gesehen hat. Auch brenzlige Situationen, die man in Afrika erlebt hat, sind immer spannend.

Ich denke immer wieder gerne an den Tansania-Urlaub im Jahre 2014 zurück. Das war für mich einfach ein Traumurlaub. Die 3 Safari-Touren und natürlich die Bergtouren auf den Mount Meru (4562 m) und den Kilimandscharo (5895 m) waren einfach ein Highlight in meinem Leben.

11. Oktober 2023

Erster Termin ist heute Morgen bei Herrn Tinzer in Königsbrunn. Das von mir bestellte Ausdehnungsgefäß ist geliefert worden und ich werde es heute auf Kulanz erneuern. Ich gehe davon aus, dass dann das ständige Wassernachfüllen ein Ende hat.

Anschließend bin ich bei einer türkischen Familie in Bobingen, wo die Öldruckpumpe nicht mehr funktioniert. Öldruckpumpen sind ein aussterbendes Produkt, das es auch in naher Zukunft nicht mehr geben wird.

Da es die Firma Gießenbacher aus Wehringen, die die Druckpumpe montiert hat, ja nicht mehr gibt, müssen andere Firmen einspringen. Bei uns im Betrieb bin ich eh der Einzige, der solche alten Geräte noch repariert. Ich denke mir halt, dass die Kundschaft mit alten Heizungen oder alten Öldruckpumpen auch noch betreut werden muss. Dann helfe ich halt der Kundschaft und repariere diese Geräte, obwohl das keine schöne Arbeit ist.

Später treffe ich mich mit Theo und Simon, um die Wärmepumpe bei Familie Stingler, die provisorisch für warmes Wasser gesorgt hat, abzubauen. Die Wärmepumpe ist breit und schwer und die Türen sind schmal, aber natürlich schaffen wir drei vom Kundendienst, die Wärmepumpe ohne Beschädigungen zum Betrieb zurückzubringen.

Letzte Baustelle ist dann ab heute Mittag bei Herrn Schild in Bobingen, wo ich die Elektroarbeiten und die Inbetriebnahme an seiner neuen Gasheizung durchzuführen habe. Nach drei Stunden bin ich mehr oder weniger komplett fertig mit meinen Arbeiten. Ferdinand und Norbert sind ganz erstaunt, wie schnell das bei mir geht. Ferdinand meint, wenn Dodo hier das Elektrische gemacht hätte, wäre er eineinhalb Tage beschäftigt gewesen. Vielleicht ist das auch der Grund, warum ich in letzter Zeit die meisten Elektroarbeiten erledigen muss.

12. Oktober 2023

Laute Geräusche an einer Ölheizung können von einem Brennermotor mit Lagerschaden verursacht werden. So ist es dann auch in einem Geschäftshaus in der Wettersteinstraße in Bobingen. Früher hat Herr Böslang diese Büros mit einigen technischen Zeichnern betrieben. Herr Böslang ist ziemlich überraschend und schnell verstorben. Ein Angestellter von Herrn Böslang, Herr Siedmüller, hat das Zeichenbüro übernommen. Zu Herrn Böslang hatte ich ein sehr gutes Verhältnis und er wollte irgendwann, dass nur noch ich zu den Reparaturen an seinen Heizungen komme. Herr Siedmüller ist auch mit mir zufrieden und meldet bei uns im Büro, dass ich zur Wartung der Heizung kommen soll. Nach diesem angenehmen Termin steht heute noch eine Arbeit an, die mir der Chef aufgebrummt hat.

Bei Familie Stingler, wo wir erst kürzlich die neue Heizung installiert haben, soll ich im neuen Einbauschrank, der heute vom Möbelschreiner geliefert und montiert wird, diverse Steckdosen einbauen. Diese Arbeit hat mit unserer Heizung überhaupt nichts zu tun. Aber unser Chef gibt ganz gerne mal Zusagen für Arbeiten, von denen wir Monteure nicht immer ganz begeistert sind. Die Möbelschreiner sind ganz in Ordnung und wir bekommen es gemeinsam hin, dass der Einbauschrank mit den neu installierten Steckdosen einfach nur gut ausschaut. Auch der Kunde macht einen zufriedenen Eindruck.

Am späten Nachmittag kann ich dann gleich mit den nächsten Elektroarbeiten bei Familie Popper in Bobingen beginnen. Norbert und Matze sind mit ihren Arbeiten fast fertig und somit habe ich jetzt viel Platz und Ruhe zum Arbeiten. Norbert teilt mir heute noch mit, dass er gerne mal meinen Job hätte. Muss ich mir jetzt Sorgen machen, dass ich bald arbeitslos sein könnte? Wohl eher nicht ...

13. Oktober 2023

Nach der Fertigstellung der Elektroarbeiten bei Familie Popper war ich gerade dabei meine Werkzeugtasche und meinen Messgerätekoffer über die feuchte Außentreppe zum Fahrzeug hochzubringen, als ich gleich auf der ersten Stufe nach oben eine fette, hässliche Kröte entdeckte. Die Kröte hatte sich den Platz ganz in der Ecke der ersten Stufe als Rastplatz ausgesucht. Bei meiner kurzen Beobachtung der Kröte konnte ich feststellen, dass die Kröte, wenn sie sich dann tatsächlich mal bewegte, dies nur sehr langsam machte. Allem Anschein nach wird sie mit dem Erreichen der ersten Stufe ihr Tagesziel erreicht haben. Warum auch immer, muss ich plötzlich an meinen ehemaligen Arbeitskollegen Freddy denken. Bei meinen biologischen Überlegungen auf der feuchten Außentreppe muss ich feststellen, dass Mensch und Tier doch ganz viele Gemeinsamkeiten haben können.

Mit Freddy habe ich ganz viele gemeinsame Baustellen gehabt. Ich war für die Elektroarbeiten zuständig und er war zusammen mit einem Lehrling für die Verrohrung der Heizungsanlagen zuständig. Wir lieferten beide gute Arbeit ab. Hochwertige, funktionierende, optisch gelungene Heizungsinstallationen.

Das war es dann aber auch schon mit den Gemeinsamkeiten. Wir beide waren wie »Hund und Katz«. Tägliche gegenseitige Beschimpfungen, Beleidigungen, Mobbing – das war unser Alltag. Der tägliche Morgengruß erfolgte über den »Stinkefinger«. Das gehörte dann so zum täglichen Ablauf dazu. So, dass man fast schon beleidigt war, wenn der andere den Morgengruß mit dem »Stinkefinger« vergessen hatte. Auf Freddys Baustelle konntest du deinen Kaffeebecher niemals unbeaufsichtigt stehen lassen. Es konnte dann schon mal passieren, dass plötzlich 15 Würfelzucker oder irgendwelche Schrauben und sonstige nicht mehr benötigten Kleinteile aus Freddys Hosentasche in deinem Kaffeebecher gelandet sind. Ich revanchierte mich dann bei Freddys Toilettengang auf der Weihnachtsfeier mit dem Inhalt eines Salzstreuers, der plötzlich und unverhofft in Freddys Weizenbier gelandet ist.

Freddy arbeitet jetzt als Hausl (Hausmeister) in einem Altersheim. Vor 3 Jahren war unser letztes Zusammentreffen an seinem Arbeitsplatz, wo ich zusammen mit Simon die Heizölversorgungsanlage vorschriftsgemäß umbaute.

Beim Verabschieden am Feierabend gab ich ihm noch den guten Tipp, er solle doch nicht in Zivilkleidung am Arbeitsplatz unterwegs sein, sondern er solle sein graues Hausl-Mäntelchen überstreifen, um Verwechslungen mit den Insassen des Heimes vorzubeugen … Freddy und ich haben beide sehr viel Humor, aber sonst haben wir keine Gemeinsamkeiten. Selbst wenn Freddy mit einem Friedensangebot, einer Einladung in die Eisdiele zu mir käme, würde das nicht gutgehen und ich würde es ablehnen …

17. Oktober 2023

Wie ich heute Morgen erfahren habe, werden uns Ferdinand und Ulla bald verlassen. Ich finde es bei beiden schade, dass sie bald nicht mehr bei uns arbeiten. Ferdinand war kein besonders guter Lehrling und auch nach seiner Lehre war er kein besonders guter Geselle. Aber er hat sich dann als Geselle ganz schön reingearbeitet und er machte seine Arbeit die letzten Jahre dann richtig gut. Als Mensch war er mir eh immer recht, immer für einen Spaß zu haben. Soweit ich mitbekommen habe, geht er zur Bundesbahn und führt dort Wartungsarbeiten an den Zügen durch. Er hat dort mit Sicherheit körperlich nicht mehr so schwer zu arbeiten wie er das in unserer Firma muss. Ferdinand wird uns auch mit einem Rekord für die Ewigkeit verlassen. Kein anderer Lehrling oder Geselle hat es so oft geschafft, den Arbeitsbeginn zu verschlafen. Respekt!! Immer witzig waren dann auch seine Erklärungen dafür: Auto defekt, Wecker defekt, Unfall,

Stau ... Ich mag Ferdinand und ich denke, ich werde ihn sicher wieder mal bei einem FCA-Spiel treffen.

Ulla aus dem Büro ist mir in den 2 Jahren, seit sie bei uns arbeitet, sehr ans Herz gewachsen. Mit ihr kannst du immer einen Spaß machen und sie ist immer gut drauf. Ulla kam damals als Ersatz für die schwangere Irmgard. Bei Irmgard läuft im November die Elternzeit aus und sie fängt dann wieder bei uns im Büro an. Schade, dass Ulla geht, aber ich freue mich auch, dass Irmgard wieder zurückkommt.

Heute muss ich noch zu Familie Turkhard nach Dinkelscherben, um die Wartung an der Pelletheizung durchzuführen. Die Turkhards sind sehr nette Rentner, aber mit der modernen Regelungstechnik einer Heizung dann doch völlig überfordert. Bei Pelletheizungen muss man am Vorabend des Wartungstermines die Heizung abschalten, damit man keine heiße Asche mehr im Kessel hat. Bei jeder Wartung zeige ich ihnen den Taster, mit dem man die Heizung ganz sanft außer Betrieb nehmen kann, aber jedes Jahr schalten sie die Heizung über den Heizungsnotschalter komplett ab – wie sie es vorher bei ihrer Ölheizung über Jahre hinweg gemacht haben. Gewohnheiten sind manchmal nur schwer zu ändern.

18. Oktober 2023

In aller Herrgottsfrühe bin ich schon am Materialschrank und suche einen Außenfühler, den ich heute benötige. Der hilfsbereite, aber oft auch hilflose Otto möchte mir bei der Suche behilflich sein. Ich gebe noch die hilfreiche Info, dass der Außenfühler in einer weißen Schachtel verpackt ist. Otto kommt mit allen möglichen weißen Schachteln an. Auch mit Schachteln in einer Größe, in die durchaus ein Fernsehgerät passen würde. Nein, Otto ist heute Morgen keine Hilfe für mich …

Um 7.30 Uhr habe ich einen Termin zum Kundendienst bei Frau Blanschie in Augsburg. Vor ihrer Wohnanlage ist überall Parkverbot und auch im Hof der Wohnanlage ist das Parken inzwischen verboten. Handwerker sollten am besten zu Fuß oder mit dem Fahrrad zum Einsatzort kommen. Meine Taktik in der Wohnanlage ist, dass ich ganz in der Früh komme, wenn die Politessen noch ihren Kaffee trinken und dann ziehe ich meinen Kundendienst zügig durch. So bin ich die ganzen letzten Jahre straffrei durchgekommen.

Was jedes Jahr nicht klappt, ist, dass ich das Stockwerk, in dem die Wohnung von Frau Blanschie ist, nicht mehr weiß, und jedes Mal beim Klingeln nach dem Stockwerk fragen muss. Inzwischen weiß Frau Blanschie, dass ich mir das nicht merken kann und teilt mir das Stockwerk mit, bevor ich fragen kann. Mit Frau Blanschie komme ich gut zurecht. Sie verkündet mir heute, dass sie im Dezember in

Rente gehen wird. Natürlich bin ich sofort neidisch. Was wird Frau Blanschie wohl alles anstellen in den nächsten 8 bis 10 Jahren? Also praktisch in der Zeit, in der ich noch zur Arbeit muss … Sie wird dann hoffentlich auch mal Zeit finden, ihre Wohnung und insbesondere ihre Küche feucht durchzuwischen. Die Gastherme hängt in der Küche und irgendwie ist alles, was man anfasst, klebrig und weit davon entfernt, sauber zu sein. Ich bin froh, dass mir Frau Blanschie nie Kaffee oder etwas zu essen angeboten hat. Trotzdem mag ich Frau Blanschie und finde, dass sie nett ist. Jeder von uns hat ja irgendwelche Schwächen …

19. Oktober 2023

In der Früh bin ich noch mal bei Familie Popper in Bobingen. Die beiden sehen eigentlich aus wie zwei ganz normale Rentner. Aber die Poppers sind Rentner, die Zeit haben, ihre neue Heizung zu inspizieren und dann die angeblichen Mängel gleich gebündelt vorzutragen. Ich wollte heute eigentlich nur den Heizungsnotschalter erneuern, aber dann kommen viele Fragen und vermeintliche Beanstandungen von den Poppers.

Ich bremse die beiden etwas aus und erkläre ihnen noch mal die ganze Anlage und versuche alles Mögliche, um die beiden zufriedenzustellen. Schließlich drückt mir Herr Popper eine 2- oder 3-Liter-Trinkflasche in die Hand und behauptet, die gehöre uns. Doch da muss ich mich erst mal schlaumachen. Da Matze der Baustellencapo bei den Poppers war und vom Körperbau her groß und kräftig ist, nehme ich über die Firmenapp »Craftnote« Kontakt auf. Ich frage über die App, ob Matze bei den Poppers sein »Trinkfass« vergessen hat. Dodo antwortet mit »Daumen hoch«. Dann bringt sich Maik in der App ein und klärt auf, dass das »Trinkfass« Norbert gehört. Ich habe das Foto mit dem »Trinkfass« in der »Craftnote«-App eingestellt. Auf dem Foto entdecke ich im Hintergrund eine »Froschkönig«-Figur für den Garten. Irgendwie, warum auch immer, denke ich dann an unseren Otto. Als nächstes schreibe ich in die App, warum sich Otto (Froschkönig) mit auf das Bild geschmuggelt hat. Jetzt beteiligt sich auch Ferdinand an unserem Chat: »Meinst du die hässliche Kröte?« Bei so einem Spaß sind immer viele mit dabei und am Ende ist keiner beleidigt.

Der zweite Termin am heutigen Donnerstag ist für mich dann wesentlich angenehmer. Bei Familie Nabas in Wehringen ist Frau Nabas' erste Frage an mich, ob ich meinen Kaffee mit oder ohne Milch und Zucker haben will. Diese Fragen mag ich sehr gerne und es gibt von mir dann auch schnelle Antworten. Bei Nabas ist der Kundendienst am Ölkessel zu machen und eine defekte Heizungspumpe muss erneuert werden.

20. Oktober 2023

Dass ich in der Firma etwas zu tun habe, ist eher selten. Vor einigen Tagen hat mir der Chef dann mal eine Arbeit in unserer Heizung im Betrieb zugeteilt.

Nachdem wir zusätzlich zu unserer Gasbrennwertheizung jetzt eine Raddotherm-Wärmepumpe installiert haben, waren natürlich auch dementsprechend Elektroarbeiten notwendig. Diese Elektroarbeiten hat Herbert von Elektro Knüller durchgeführt. Unser Chef hat dann später festgestellt, dass die Wärmemengenzählung vom Solar, Gaskessel und dem Heizkreis nicht funktionieren. Genau das ist dann heute meine Aufgabe: festzustellen, warum die Datenleitung nicht funktioniert.

Die Fehlerliste ist dann sehr lang, mit Gründen für die Fehlfunktionen. Ein Draht in der Abzweigdose für die DL-Leitungen ist nicht eingeklemmt. Außerdem sind die DL-Komponenten nicht adressiert. Dann ist auch noch eine Zählerplatine falsch aufgesteckt.

Irgendwann kommt mein Chef in den Heizungsraum und bekommt das mit den Fehlern natürlich mit. Er fragt mich, was gerade mit Herbert los ist, weil ihm so viele Fehler unterlaufen. Der Chef und ich kommen mit Herbert gut zurecht und finden ihn sehr sympathisch. Vielleicht hat er gerade zu viele Baustellen, zu viel Stress, mehr fällt mir dazu auch nicht ein. Nach einer Stunde Fehlersuche läuft die Heizung wieder, wie sie laufen muss.

Anschließend fahre ich zum Mietshaus von Herrn Schwarzer in Bobingen. Im Elternhaus von Herrn Schwarzer wohnen jetzt nur noch 3 Mietparteien. Jahrelang waren seine Eltern im Haus unsere Ansprechpartner. Der Vater ist schon vor einigen Jahren verstorben und die Mutter lebt jetzt im Heim. Der jetzt zuständige Sohn, Herr Schwarzer, war vor sage und schreibe 40 Jahren im gleichen Lehrjahr und in der gleichen Firma wie ich. Er machte in der Firma Hoch in Bobingen seine Lehre als Mess- und Regelmechaniker und ich machte meine Lehre als Elektroanlageninstallateur. Wir hatten jedoch in der Grundausbildung und später im gemeinsamen Aufenthaltsraum einige Berührungspunkte. Damals war er ein ziemlich arroganter, eingebildeter Schnösel, der das auch immer wieder offen zur Schau stellte. Irgendwann wurde mir das dann zu viel und ich packte ihn am Kragen bis er röchelte. Danach hatte ich dann meine Ruhe vor ihm.

Das ist jedoch schon lange her und ich bringe seine Heizung heute wieder zum Laufen. Ich besorge eine neue Heizungspumpe und baue diese dann auch noch ein.

24. Oktober 2023

Nach meinem langen Wochenende geht es am heutigen Dienstag zu Familie Dampfer nach Untermeitingen. Familie Dampfer hat bei uns einen Wartungsvertrag für ihre Pelletheizung, die von uns 2012 installiert wurde.

Herr Dampfer ist Rentner und eigentlich immer schlecht aufgelegt, schimpft jedes Mal über unsere Firma und über seine Heizung. Meine Kollegen zeigen schon lange kein Interesse mehr, diesen Kundendienst zu übernehmen. Letztes Jahr habe ich ihm mal die Meinung gesagt, habe dann aber festgestellt, dass ihm selber offenbar gar nicht bewusst ist, dass er immer grantig ist. Seine Frau ist nett und es tut mir natürlich leid, dass sie die Ehe mit Herrn Dampfer ertragen muss. Wenn er während des Kundendienstes nicht zu Hause ist, bietet sie mir immer Kaffee an, den ich gerne trinke und zum Schluss gibt es dann auch immer noch ein Trinkgeld.

Wenn er aber während des Kundendienstes zu Hause ist, gibt es keinen Kaffee und auch kein Trinkgeld. Ich wünsche mir, dass wenn ich mal Rentner werden sollte, ich das Rentnerleben genießen kann und nicht so werde wie Herr Dampfer.

Nachmittags muss ich, wie so oft, schon wieder in die Zahnarztpraxis nach Großaitingen, wo wieder einmal das Heizöl ausgegangen ist. In den letzten 2 Jahren war ich schon dreimal vor Ort, weil das Heizöl ausgegangen ist. Der Zahnarzt murkst dann oft selber rum und schließt Dieselkanister an den Ölbrenner an. Er verursacht dann immer eine Riesensauerei auf dem Boden des Heizungsraumes, aber bringen tut es dann meistens nix.

Nachdem letzte Woche das Öl ausgegangen war und ich die Anlage wieder provisorisch zum Laufen gebracht hatte, ist jetzt der Heizöltank wieder befüllt worden. Als ich den ersten Zahnarztmurks beseitigt hatte (Vor- und Rücklaufschlauch vom Brenner waren vertauscht), dachte ich mir, dass er hoffentlich bei den zu behandelnden Zähnen nicht auch immer was verwechselt und vermurkst.

Die zweite Störungsursache war ein verschlossenes Schnellschlussventil im Domschacht des Erdtankes. Da kann der Zahnarzt aber nichts dafür, da ist dann wohl der Tankwagenfahrer aus Versehen draufgestiegen und es ist zugekippt …

Am Feierabend fühle ich mich hundeelend, ich glaube die Viren meiner erkälteten Frau sind zu mir rübergehüpft.

30. Oktober 2023

Nach 3 Tagen im Krankenstand geht es für mich nach einem ruhigen Bereitschaftswochenende mit 2 Kurzeinsätzen wieder mit dem Arbeitsalltag los.

Am heutigen Montagmorgen ist bei uns Kundendienstlern die neue Heizung in der Eppaner Straße in Augsburg das große Thema. Dort installierten Ferdinand und Maik in der letzten Woche eine neue Pelletheizung. Nach meinem krankheitsbedingten Ausfall musste Dodo die Elektroarbeiten erledigen. Bei der Inbetriebnahme am Freitagvormittag lief dann plötzlich Wasser aus dem unteren Bereich des Pelletkessels aus. Somit musste der Kessel wieder außer Betrieb genommen werden und die bereits abgebaute Wärmepumpe musste wieder für den provisorischen Betrieb zur Warmwasserbereitung angeschlossen werden. Die Kesselherstellerfirma Bargassner wurde dann von uns umgehend informiert, dass der neue Kessel undicht ist. Wann dann der neue, hoffentlich dichte, Kessel angeliefert wird, steht noch nicht fest. Dieses ganze Drama spielt sich jetzt ausgerechnet in der Eppaner Straße in Augsburg ab. Dort installierte unsere Firma vor 15 Jahren eine Bioschreck-Pelletheizung, die dann die ganzen 15 Jahre unzuverlässig oder gar nicht lief.

In der Hoffnung, nicht noch mal so einen »Montagskessel« zu erwischen, ließ der Hausherr auch den neuen Bargassner-Pelletkessel von unserer Firma einbauen. Dass aus dem neuen Kessel am Tag der Inbetriebnahme nun das Wasser rausläuft, ist natürlich ein richtiger Mist.

Am Vormittag muss ich noch zu Frau Säger nach Königsbrunn. Frau Säger ist weit über 80 Jahre alt. An ihrer Heizung kommt seit ungefähr einem halben Jahr immer wieder die Puderlos-Störmeldung 3L, die auf ein defektes Gebläse hindeutet. Ich werde heute das bestellte Gebläse einbauen.

Vor dem Einbau habe ich mit Frau Säger tatsächlich noch 15 Minuten diskutiert, warum so ein Gebläse kaputtgehen kann. Sie zählt mir einige Möglichkeiten auf, was für einen Defekt sie an ihrer Heizung vermutet. Ich mache ihr klar, dass ich auch diese 15 Minuten Diskussion als Arbeitszeit aufschreiben werde. Dann geht es plötzlich doch ganz schnell mit dem Einbau. Der Einbau klappt gut und die Gasbrennwertheizung müsste jetzt wieder laufen. Der Montag fängt schon wieder sehr anstrengend an.

31. Oktober 2023

Unser Chef hat sich gestern und den heutigen Dienstag freigenommen. Da ist bei uns in der Firma der Arbeitstag noch entspannter, als er es eh schon ist. Da wird dann bei uns im Büro am frühen Morgen auch mal 5 Minuten länger über Fußballergebnisse und Fußballtabellen diskutiert.

Um 7.15 Uhr muss ich dann aber los, da ich bei Familie Reiss in Königsbrunn um 7.30 Uhr einen Wartungstermin am Gasbrennwertgerät habe. Ich fahre mit keinem guten Gefühl Richtung Königsbrunn. Es ist erst 8 oder 9 Monate her, dass ich bei Familie Reiss an einem Sonntag einen Bereitschaftseinsatz zunächst verweigerte. Familie Reiss hat keinen Wartungsvertrag für ihre Heizung bei uns abgeschlossen. An diesem besagten Sonntag meldete Frau Reiss, dass das Warmwasser ausgefallen sei. Ich wehrte mich mit der Begründung, dass sie keinen Wartungsvertrag abgeschlossen haben, gegen einen Einsatz. Bei Frau Reiss, die ich am Telefon hatte, kam meine Begründung gar nicht gut an und sorgte bei ihr für aggressive Stimmung. Den Satz »Ich werde mich beim Chef beschweren«

habe ich noch in Erinnerung. Ich beruhigte Frau Reiss dann erst mal und wir schafften es, die Heizung über meine Anweisungen am Telefon zum Laufen zu bringen. Frau Reiss hat sich dann auch nicht beim Chef beschwert.

Mein schlechtes Gefühl vor diesem Einsatz hat sich dann aber nicht bestätigt. Ich erledige meinen Kundendienst am Gasbrennwertgerät und es gibt keine Probleme oder Beanstandungen.

Anschließend fahren Herr Reiss und ich zu seiner Mutter nach Leitershofen, um den Kundendienst an ihrer Ölheizung durchzuführen. Der Ölkessel ist 44 Jahre alt und bei der Kesselreinigung finde ich ein Leck an der Kesselrückwand. Diese schlechte Nachricht muss ich Herrn Reiss natürlich sofort mitteilen. Er will natürlich wissen, wie es jetzt weitergeht. Wir benötigen einen neuen Ölkessel.

Dieses Jahr sind wegen der großen Nachfrage keine Ölkessel mehr erhältlich. Ab dem nächsten Jahr ist der Einbau von Ölkesseln eventuell nicht mehr erlaubt. Eine Wärmepumpe passt nicht zum Haus, da keine Fußbodenheizung installiert ist und das Gebäude schlecht isoliert ist.

Entweder wir rufen jetzt die Grünen an und fragen nach Lösungen oder das Haus wird verkauft und die Mutter muss ins Heim …

2. November 2023

Mein erster Weg führt mich heute Morgen in den Keller in unserem Betrieb. Dort ist das Heizungslager und ein kleiner Bereich dient als Elektrolager. Der Weg zum Elektrolager ist für mich ganz oft sehr enttäuschend. Einiges, was ich für meine heutige Elektrobaustelle bei Familie Breit in Klosterlechfeld benötigen würde, ist wieder mal nicht im Lager vorrätig. Das mal etwas nicht mehr da ist, wäre für mich in Ordnung, da wir keinen hauptberuflichen Lageristen haben. Aber dass immer ich den Großteil des Materials beim Großhändler besorgen muss und einige meiner Kollegen sich ständig im Lager bedienen und dann nicht selber für Nachschub sorgen und mir nicht mal Bescheid geben können, dass ein Fach leer ist, das nervt. Das ist aber eines von ganz wenigen Dingen, das mich bei bestimmten Kollegen nervt.

Ich fahre dann gleich zum Großhändler Goldhorn in Bobingen und besorge mir das fehlende Elektromaterial. Auf der Baustelle in Klosterlechfeld treffe ich dann auf Matze und Maik, die zusammen die neue Gasbrennwertheizung installiert haben. Nach kurzer Einweisung von Matze über die von ihm abgeklemmten Kabel kann ich dann auch sofort mit meinen Elektroarbeiten beginnen.

Es dauert aber nicht sehr lange, dann betätigt Maik seinen Hilti-Bohrhammer, um im Nebenraum einen defekten Gully aus dem Betonboden herauszubrechen. Kurz darauf fängt dann auch noch Matze mit seiner Hilti an,

Löcher bei mir im Heizraum zu bohren. Inzwischen ist der Geräuschpegel wie auf einer Großbaustelle. Kurzentschlossen gehe ich zu meinem Firmenfahrzeug und hole mir meinen Gehörschutz und meine Schutzbrille, um bei den beiden Krachmachern gut ausgerüstet zu sein.

Nach etwas mehr als 2 Stunden bin ich mit meinen Elektroarbeiten fertig. Matze und Maik sind wieder mal ganz erstaunt, wie flott das bei mir geht. Morgen kommt der Gaszähler, der von Erdgas Schwaben montiert wird und ich kann dann die Inbetriebnahme durchführen.

3. November 2023

Frau Bernd aus Augsburg fragt mich ganz erstaunt, wann ich in der Früh aufstehe, nachdem ich bereits um 7.15 Uhr bei ihr vor der Haustüre stehe. Da ich ein Frühaufsteher bin und mein Wecker nur eine Sicherheitsfunktion hat, falls ich irgendwann mal nicht automatisch wach werde, ist ein Arbeitsbeginn um 7.00 Uhr für mich kein Problem. Nur dass es noch dunkel ist um diese Zeit ist, stört mich beim Autofahren.

Bei Frau Bernd ist der Kundendienst an ihrer Gasbrennwertheizung durchzuführen. Frau Bernd lebt seit 4 Jahren wieder in ihrem Elternhaus. Dort lebt sie zusammen mit ihrer pflegebedürftigen Mutter, die stolze 96 Jahre alt ist.

Als Frau Bernd mir etwas mehr von ihrem Rentnerleben erzählt, kann ich ihre soziale Einstellung noch mehr schätzen. Vor 4 Jahren ist sie nach einem langen Arbeitsleben in die wohlverdiente Rente gegangen. Zu diesem Zeitpunkt ging es aber leider mit ihrer Mutter körperlich bergab. Frau Bernd gab ihre Wohnung auf und zog zu ihrer Mutter, um sie zu versorgen. Da der körperliche Zustand ihrer Mutter Jahr für Jahr schlechter wird, hat Frau Bernd eigentlich einen Vollzeitjob als Pflegerin.

Sie hat 3 Brüder, von denen 2 auch schon in Rente sind. Alle Brüder sind der Meinung, dass sich doch besser die Tochter um die Mutter kümmert. Alle Brüder bereisen die Welt und genießen ihr Rentnerleben. Frau Bernd hat sich ihre Rente ganz sicher anders vorgestellt, aber ich habe höchsten Respekt vor ihrer Leistung.

Danach steht heute noch die Inbetriebnahme des Gasbrennwertgerätes bei Familie Breit in Klosterlechfeld auf dem Programm. Als ich auf der Baustelle eintreffe, sind Matze und Maik mit ihrer Arbeit bereits fertig und warten auf den Gaszähler, der von Erdgas Schwaben geliefert und montiert wird. Jetzt warten wir zu dritt auf den Gaszähler. Nach einer Stunde Wartezeit erscheint der Monteur von Erdgas Schwaben und meint, er sei zu früh dran und fragt, ob er schon loslegen könne. Irgendjemand hat wieder was mit der Uhrzeit durcheinandergebracht. Egal, wir bringen die Anlage zum Laufen und freuen uns auf das Wochenende.

7. November 2023

Nach meinem 3-Tage-Wochenende steht heute ein sehr angenehmer Termin in meinem Terminkalender. Am Pelletkessel bei Herrn Bitter in Straßberg ist die Wartung durchzuführen. Herr Bitter ist immer nett und gut gelaunt. Es gibt auch immer ein gutes Trinkgeld bei Herrn Bitter. Das muss ich aber heute mit Theo teilen, weil der heute wieder zur Schulung bei mir mitfährt. Es liegt natürlich auch in meinem Interesse, ihm möglichst viele Informationen zukommen zu lassen, so dass er möglichst bald selbstständig unterwegs sein kann. Ich lasse ihn dann den kompletten Kundendienst bei Herrn Bitter machen und greif nur ein, wenn mir etwas auffällt, was er noch besser machen könnte. Der Kundendienst klappt gut und das wird von Herrn Bitter für jeden von uns mit 10 Euro Trinkgeld belohnt.

Meine Mittagspause verbringe ich heute gezwungenermaßen im Aufenthaltsraum der Firma, weil ich ja Theo mit dabeihabe. Mein Mittagsschlaf im Firmenfahrzeug fällt heute leider aus.

Nach der Mittagspause wird im Büro noch eine Störung im Hotel Sarabo in Augsburg gemeldet. Weil Theo bei Ölkesseln noch Schulungsbedarf hat, kommt die Störung gerade recht für unser Schulungsprogramm. Für mich ist die Störung eher anstrengend, da neben Theo auch noch der Hoteleigentümer, Herr May, mit im engen Heizungsraum steht. Eine Situation, von der ich meistens genervt bin.

Da sich Herr May zum Kaffeeholen anbietet und ich bei Ölkesseln sehr sicher und routiniert agiere, ist die Situation ganz gut zu ertragen. Das Problem am Ölbrenner ist, dass sich in der langen Ölleitung vom Erdtank bis zum Ölkessel beim vorhandenen Einstrangsystem mit einer überdimensionierten Kupferleitung (12 mm) immer wieder Luftpolster bilden, die dann zu Brennerstörungen führen. Der Einbau eines Heizölentlüfters, den ich immer im Auto vorrätig habe, wird dieses Problem beseitigen.

8. November 2023

Um 7.30 Uhr habe ich einen Termin bei Frau Fang in der Mozartstraße in Bobingen. Wenn bei uns im Büro Kundschaft aus der Mozartstraße anruft, verweigern sich alle meine Kollegen, dorthin zu fahren. Der Reparaturauftrag landet dann jedes Mal bei mir auf dem Schreibtisch. In der Mozartstraße steht ein alter Wohnblock mit vielen alten, unterschiedlichen Ölheizsystemen. Vom Ölofen mit zentraler Ölversorgung, Kachelofeneinsatz mit Ölversorgung, Öletagenheizungen bis hin zu einigen Elektroheizungen – es ist dort alles zu finden.

Es gibt einige Wohnungen im Wohnblock, die ich schon viele Jahre betreue. Auch die Kundschaften im Block sind nicht immer einfach zu handhaben. Ständiger Nachbarschaftsstreit und auch psychisch gestörte Mitbewohner verhindern schon seit vielen Jahren den Einbau einer Gas-

Zentralheizung. Frau Fang ist eine der letzten verbliebenen Deutschen im Block. Sie ist sehr nett und auch völlig normal. An ihrem Rohleder-Öl-Etagenofen (sehr spezielle Heizung) ist die Heizungspumpe fest. Ich bringe die Pumpe mit wenig Aufwand wieder zum Laufen. Wie nach jeder Reparatur bei Frau Fang gibt es anschließend einen längeren »Ratsch« am Frühstückstisch.

Später muss ich noch nach Königsbrunn, wo in einem der beiden leerstehenden Wohnhäuser der verstorbenen Frau Fiebinger die Heizung auf Störung gegangen ist. Die Häuser werden von Herrn Butzenberger aus Augsburg betreut, bis die ganzen Erbschaftsangelegenheiten erledigt sind. Als ich mit meiner Reparatur am Ölbrenner fertig bin, erscheinen auch schon die ersten Erbschaftsanwärter. Es ist die Schwester von Frau Fiebinger, die in Amerika lebt. Sie ist zusammen mit ihrem Ehemann und ihrer Tochter angereist, um das Haus zu besichtigen und sich um den Verkauf zu kümmern. Herr Butzenberger erzählt mir, dass die Schwester sehr wohlhabend ist und ein gutes Leben in Amerika führt. Also kommt auch in diesem Fall mal wieder Geld zu Geld. Ohne dass ich die ganzen Details kenne, hätten sich sämtliche Nachbarn von Frau Fiebinger das Geld des Hausverkaufes mehr verdient. Die haben sich nämlich alle in irgendeiner Weise jahrelang um die hilfsbedürftige Frau Fiebinger gekümmert.

9. November 2023

Ich fahre heute mit einem unguten Gefühl zum ersten Termin bei Familie Köpfer aus Bobingen. Dort wurde von unserer Firma vor 2 Jahren eine neue Gasbrennwertheizung mit einem dazugehörenden »Ossi«-Pufferspeicher geliefert und montiert. Es wurde dann nachträglich noch eine Fußbodenheizung angeschlossen. Mein Auftrag ist heute, dass ich den Elektroanschluss für die Fußbodenheizung herstelle. Mein schlechtes Gefühl kommt daher, dass ich im August wegen eines Termines für die Elektroarbeiten nachgefragt habe. Auf die Nachfrage bekam ich wegen ihrer Urlaubsplanung eine Absage. Dann fragte ich Ende September nochmals nach und wurde wegen Abwesenheit der Hausherrn auf den 7. November vertröstet. Am 8. November startete ich meinen nächsten Versuch, um einen Termin bei Familie Köpfer zu ergattern. Frau Köpfer ist dann am Telefon ziemlich patzig und beklagt sich, dass es überall kalt ist. Sie habe auch Termine und könne nicht immer zu Hause sein. Nach langer Termindiskussion stimmte sie schließlich dem heutigen Termin zu.

Heute Morgen ist Frau Köpfer aber besser gelaunt und ich kann dann endlich mit meinen Elektroarbeiten beginnen. Um 10 Uhr taucht dann plötzlich Dodo auf und fragt mich ganz erstaunt, was denn ich hier mache. Ich frage ihn ebenso erstaunt das Gleiche. Er muss sich um einige kalte Heizkörper im Haus kümmern. So ein Zufall, ohne vom anderen zu wissen, haben wir beide für die gleiche Kundschaft am gleichen Tag einen Termin ausgemacht. Meine Elektroarbeiten kann ich bis Mittag erfolgreich fertigstellen. Bei Dodos kalten Heizkörpern sind noch kein Erfolg und keine Wärme spürbar.

Am Nachmittag habe ich noch einen sehr angenehmen Kundendiensttermin an der Ölheizung bei Frau Wald in Augsburg. Ich kenne Frau Wald und ihre Heizung seit über 20 Jahren. Die Betreuung ihrer Heizung begann über meine alte Firma, der Firma Gießenbacher aus Wehringen. Als ich bei Firma Gießenbacher kündigte, war Frau Wald über das Internet und über Telefonbücher ganz verzweifelt auf der Suche nach meinen Kontaktdaten. Schließlich wurde sie fündig, rief mich an und fragte, ob ich ihre Heizung weiterhin betreuen könne. Natürlich sagte ich ihr das zu und wir freuen uns beide nach wie vor auf den jährlichen Kundendienst mit gutem Kaffee und guten Gesprächen.

10. November 2023

Simon hat heute seinen freien Freitag und somit muss ich Theo heute mitnehmen. Theo fährt momentan bei einem von unseren Kundendienstlern mit, damit er dann irgendwann mal selber Kundendienste erledigen kann. Meine Freude, ihn heute mitnehmen zu dürfen, ist eher klein. Zunächst muss ich dann die ganze Beifahrerseite freiräumen. Die ganzen technischen Unterlagen, die in der Fahrerkabine untergebracht sind, werden immer umfangreicher und mehr. Nachdem ich für Theo Platz geschaffen habe, fahren wir zu Familie Gleis nach Lagerlechfeld, wo der Kundendienst an der Pelletheizung durchzuführen ist. Der Kundendienst klappt gut und die Bargassner-Pelletheizung läuft problemlos.

Danach fahren wir zu Herrn Egg nach Bobingen, auch er eine ehemalige Gießenbacher-Kundschaft. Herr Egg klagt über zu heißes Warmwasser. Ich stelle einen Defekt an der Heizungsregelung fest. Bei seinem 30 Jahre alten Ölkessel müsste er ungefähr 1500 Euro für eine neue Regelung ausgeben. Bei Kundschaften, die ich schon lange betreue und mit denen ich gut zurechtkomme, versuche ich dann immer eine kostengünstigere Lösung zu finden. Bei Herrn Egg werde ich versuchsweise eine gebrauchte Regelung einbauen, die ich mal zur Seite gelegt habe. Das wäre natürlich für Herrn Egg eine gute Lösung, ich werde das nächste Woche mal angehen.

Theo liefere ich mittags im Betrieb ab, er geht dann in sein wohlverdientes Wochenende. Bei mir geht es noch bis 16.15 Uhr weiter und dann erst gehe ich in mein langes Wochenende.

Heute ist scheinbar »Gießenbacher-Tag«. Am Nachmittag fahre ich zu Familie Leger nach Wehringen. Auch eine ehemalige Gießenbacher Kundschaft, die eine Kaminkehrerbeanstandung wegen eines zu hohen Abgasverlustes gemeldet hat. Als ich dann die Wartung an dem über 30 Jahre altem Gaskessel durchführe, sehe ich sofort, dass

an der Heizung schon jahrelang kein Kundendienst mehr gemacht wurde. Bei den schlechten Abgaswerten ist keine großartige Verbesserung zu erreichen. Dann stelle ich auch noch eine Undichtheit an der Gasarmatur fest und nehme die Heizung aus Sicherheitsgründen außer Betrieb. Ein neuer Heizkessel ist notwendig.
Familie Leger und ihre Mieter im 1. Stock sind somit einige Tage, vielleicht sogar einige Wochen, ohne Heizung und ohne Warmwasser. Je nachdem, wie lange die Lieferzeit der neuen Heizungsanlage beträgt. Ich musste die Anlage stilllegen, auch wenn mir die Kundschaft leidtut. Bei Gas kann ich keine Kompromisse eingehen, da geht die Sicherheit vor.

14. November 2023

Zu meinem Wochenbeginn am heutigen Dienstag bin ich nur kurze Zeit im Betrieb und ich schaue, dass ich schnell zum ersten Kunden unterwegs bin. Grund dafür ist, dass ich in Sorge bin, dass ich Theo heute wieder zur Kundendienstschulung mitnehmen muss. Das bedeutet nicht, das ich Theo nicht mag, das bedeutet, dass ich keine Lust habe, bei dem heutigen Dauerregen das Auto wieder aus- und umzuräumen, damit für Theo genügend Platz ist. Ich schaffe es ganz schnell aus dem Büro rauszukommen und zur ersten Kundschaft zu fahren.

Die erste Kundschaft ist heute Familie Tohr aus Lettenbach. Mit Frau Tohr verbindet mich, dass wir beide sehr sozial eingestellt sind und lieber anpacken, als etwas Geld zu spenden. Frau Tohr ist bei der »Tafel« und beim Frauenbund sehr engagiert. Sie sammelt auch noch für Hilfstransporte nach Ungarn. Die letzten Jahre geht sie auch »fremd« zu unserer Sammlung für den Hilfstransport nach Rumänien. Ich habe wirklich Respekt für Leute, die in ihrer Freizeit so viel Soziales leisten. Der einzige kleine Negativpunkt an Frau Tohr ist, dass sie es mit dem Kaffeekochen nicht so gut draufhat. Sie warnt mich gleich vor, dass sie selten Kaffee kocht und dass er sicher nicht gut schmeckt. Sie hat Recht, aber ich trinke meine Tasse aus.

Später fahre ich zu Herrn Egg aus Bobingen, bei dem ich am Freitag zusammen mit Theo war. Ich montiere die von mir mitgebrachte gebrauchte Regelung, die ich vor einigen Monaten bei einem Kesseltausch für solche Zwecke zur Seite gelegt habe. Der Funktionstest verläuft zu meiner Zufriedenheit und wir warten jetzt mal die nächsten Tage ab, ob die Heizungsanlage ohne Probleme läuft. Herr Egg dankt es mir fürs Erste mit 30 Euro Trinkgeld.

15. November 2023

Der erste Termin heute Morgen ist bei Familie Lettenmeier in Großaitingen. Herr Lettenmeier ist über 90 Jahre alt und Frau Lettenmeier ist auch schon 86 Jahre alt. Eigentlich bräuchten sie Hilfe im Haus und im Garten. Die beiden haben zwar 2 Töchter, doch die wohnen weit entfernt in Osnabrück und in Bremerhaven. Die kommen immer wieder mal für ein paar Tage zu den Eltern und unterstützen sie. Auch heute ist eine der beiden Töchter anwesend, wenn der Heizungskundendienstler im Haus ist. Der Kundendienst am Tolvis-Ölkessel ist immer sehr aufwendig und man braucht viel Zeit. Die beiden Töchter haben viel Vertrauen zu mir und das, was zu richten ist, wird dann auch gerichtet.

Später muss ich in die Eppaner Straße nach Augsburg, wo wir vor kurzem eine neue Pelletheizung eingebaut haben. Dort gibt es noch zwei Probleme zu lösen. Das erste Problem ist, dass sich die Aschenlade vom Kessel nur mit Mühe ein- und ausbauen lässt. Die Aschenlade ist schwierig einzustellen und ich bin über eine halbe Stunde beschäftigt, bis ich es hinbekomme. Da müssen sich die Bargassner-Ingenieure noch mehr anstrengen, um eine bessere Lösung zu finden.

Das zweite Problem ist, dass im Lackierraum des kleinen Lackierbetriebes, der auch von der Pelletheizung versorgt wird, der Heizkörper nur lauwarm wird. Beim Überprüfen des Heizkörpers ist der Grund schnell ersichtlich. Der Grund für die schlechte Heizleistung des Heizkörpers ist eine dicke Farbschicht, die sich aufgrund der Lackierarbeiten auf dem Heizkörper abgesetzt hat. Hier ist ein neuer Heizkörper erforderlich.

Um 14 Uhr komme ich auf die Baustelle von Matze und Maik. Ich soll das neu installierte Gasbrennwertgerät heute noch zum Laufen bringen. Da muss ich heute aber noch richtig Gas geben. Matze und Maik sind mit ihren Arbeiten so weit fertig, es wären nur noch 3 Materialkisten hochzutragen und im Auto zu verstauen. Zu allem Überfluss nutzen die beiden den kleinen Heizungsraum als Ratsch- und Begegnungsstätte und wollen so die Zeit bis 15.30 Uhr überbrücken. Ich reagiere da heute etwas impulsiver, was eigentlich gar nicht meine Art ist. Ich fordere die beiden auf, einen »Abflug« zu machen. Sie sollen zum Ratschen in eine Gaststätte oder Kneipe fahren und mich hier nicht behindern.

Sie haben es kapiert, packen ihre 3 Materialkisten ins Auto und fahren in die Firma zum Abladen. Warum denn nicht gleich so?

16. November 2023

Gleich in der Früh kommt der Chef auf mich zu und berichtet mir, dass er gestern Abend noch auf der Taimer-Baustelle wegen einer Undichtheit am Gaszähler war. Er hat das Gas abgesperrt und Matze muss dann heute noch raus und die Gaszählerdichtung erneuern. Selbstkritisch muss ich eingestehen, dass ich die Undichtheit am Gaszähler auf der Baustelle bei der Inbetriebnahme nicht bemerkt habe. Ich würde mir 5 % Teilschuld eingestehen, 95 % der Schuld haben Matze und Maik zu verantworten, weil sie die Gasleitung installiert haben.

Dodo fährt heute mit mir zu Familie Froschmann nach Landsberg. Wir beide sind äußerst selten zusammen unterwegs. Der Grund dafür, dass wir heute gemeinsam fahren, ist, dass ich mehr Erfahrung mit Tolvis-Produkten und somit auch mehr Erfahrung mit Tolvis-Problemen habe. Das Problem an dieser Anlage ist, dass unter der Isolierung alles nass und auch am Boden bereits eine Pfütze sichtbar ist.

Es dauert nicht lange, dann kommt der Hausherr mit seinem Hund vom Gassigehen zurück. Aufgrund der vielen Reparaturen in der letzten Zeit ist er ein wenig unzufrieden und möchte, dass heute noch alle ausstehenden Reparaturarbeiten erledigt werden. Da sind die Undichtheit zu beseitigen, die Wartung durchzuführen und ein von Dodo beanstandetes Warmwasser-Vormischventil zu erneuern.

Wir kümmern uns als Erstes um die Undichtheit am Tolvis-Kessel. Nach dem Abbau der Verkleidungsteile war relativ schnell klar, wo das Wasser herkommt. Die Brennkammerdichtung ist porös und dichtet nicht mehr ab. Diese Dichtung müsste man bestellen und dann auswechseln. Der Aufwand für das Auswechseln ist jedoch sehr hoch, da viele Arbeitsstunden benötigt werden. Die Reparaturkosten würden mit Sicherheit so um die 1.000 Euro betragen. Was dann aber aus meiner Sicht viel schlimmer ist, ist, dass der Kessel an der Stelle der Undichtheit schon sehr stark korrodiert ist. Es ist also nur eine Frage der Zeit, bis der Kessel durchbricht. Wir werden die Wartung und den Austausch des Warmwasser-Vormischventiles nicht mehr durchführen. Diese Kosten kann man sich jetzt sparen und man sollte dieses Geld besser in eine neue Heizungsanlage investieren. Das sind heute leider keine guten Nachrichten für Familie Froschmann.

17. November 2023

Diese Woche habe ich es gut hingekriegt, dass ich Theo nicht mitnehmen muss. Heute ist es dann aber doch so weit, dass ich ihn auf die Taimer-Baustelle mitnehmen muss. Es sind noch Elektrorestarbeiten und die abschließende Inbetriebnahme zu erledigen. Es regnet heute, wie schon die ganze Woche. Jetzt wird es doch noch nützlich, dass ich Theo dabei habe. An der Nordseite des Reihenhauses ist der Außenfühler zu erneuern. Eindeutig eine Arbeit für Theo. Ich bleibe mal im trockenen, warmen Heizungsraum und stelle die Parameter des neuen Touch-Heizungsreglers ein. Ich bespreche dann später mit Theo noch einige eingestellte Parameter. Vor dem Verlassen der Baustelle bekommt die Mieterin von mir noch eine Kurzeinweisung über die Bedienung der neuen Heizungsanlage.

Danach gehen Theo und ich schon wieder getrennte Wege. Er hat noch eine kleine Reparatur in Göggingen zu erledigen und ich muss zu Frau Merz nach Bobingen. Dort habe ich den Kundendienst an ihrem Gas-Kachelofeneinsatz durchzuführen. Wieder mal eine altbekannte »Gießenbacher«-Kundschaft. Diese Wartung an dem Kachelofeneinsatz würden alle meine Kundendienst-Kollegen ablehnen. Da würde schon die Adresse »Mozartstraße« reichen, um den Arbeitsauftrag sofort auf meinem Schreibtisch abzulegen.

Am heutigen Freitagnachmittag muss ich noch zu Frau Besenreiter nach Ettringen. Der Kundendienst ist fällig und ein kaltbleibender Heizkörper ist zu prüfen, und wenn möglich auch gleich zu reparieren. Herr Besenreiter ist schon viele Jahre an Parkinson erkrankt. Nach jahrelanger Pflege in den eigenen vier Wänden ist er seit März in einem Pflegeheim untergebracht. Der Pflegeaufwand und die Belastung wurden für Frau Besenreiter irgendwann zu viel.
Der Kundendienst am Gasbrennwertgerät klappt ohne Probleme und der kalte Heizkörper wird auch wieder warm. Reparatur erfolgreich beendet.

Ich fahre dann noch ins Büro, um Termine für die kommende Woche zu vereinbaren. Auch Herrn Egg rufe ich an, um mich zu erkundigen, ob seine von mir am Dienstag eingebaute gebrauchte Regelung funktioniert. Er berichtet, dass alles gut funktioniert und er ist mir sehr dankbar, dass ich ihm die Kosten von circa 1.500 Euro für eine neue Regelung erspart habe. So kann man sich Zufriedenheit und Vertrauen beim Kunden aufbauen.

21. November 2023

Bei Familie Baum in Straßberg habe ich schon ungefähr zehnmal den Kundendienst an der Pelletheizung gemacht. Auch heute führe ich den Kundendienst zu ihrer vollen Zufriedenheit durch. Es gibt immer Kaffee und Kekse. Trinkgeld gab es die letzten 10 Jahre nicht. Als ich mich nach dem erfolgreichen Kundendienst verabschiedet habe und anschließend mein Werkzeug im Firmenfahrzeug verstaue, dachte ich kurz darüber nach, dass ich hier noch nie Trinkgeld bekommen habe. Was für keine Kundschaft Pflicht ist, aber man freut sich trotzdem darüber. In diesem Moment kommt Herr Baum um die Ecke und drückt mir 20 Euro Trinkgeld in die Hand und meint, dass das schon lange überfällig war, da ich meine Arbeit immer zuverlässig erledige. Das war dann wohl eine Art Gedankenübertragung zwischen Herrn Baum und mir.

Später muss ich zu Familie Schuldner nach Bobingen, wo nach dem Einschalten der Heizung immer der Sicherungsautomat auslöst wird. Ich teste alle elektrischen Teile, indem ich jedes einzelne Teil laufen lasse. Außerdem überprüfe ich die ganze Heizung auf Nässe und Feuchtigkeit, die den Kurzschluss verursacht haben könnte.

Meine Versuche bringen keinen Erfolg und es gibt keinen Hinweis auf den Kurzschluss. Die Heizung läuft auch wieder, ohne dass die Sicherung fliegt. Mir lässt das keine

Ruhe und ich entdecke noch ein Kabel im Heizungsraum, das zur Außenwand führt. Ich frage den Hausherrn nach dem Kabel. Er meint, dass da mal sein Schwiegervater Steckdosen im Garten angeschlossen hat. Dann schaue ich mir die Steckdosen im Garten an. Schon beim Aufschrauben der Steckdosen kommt mir das Wasser entgegen. Somit ist die Ursache für den Kurzschluss in der Heizungsanlage gefunden. Ich klemme die Steckdosen vom Heizkreis ab, die haben da auch gar nix verloren.

Am Nachmittag geht es noch zu Familie Mulz nach Königsbrunn, wo die Heizkörper kalt bleiben. Dodo war die letzten Tage mehrmals mit mehr oder eher weniger Erfolg an der Anlage. Dodo hat mich in der Früh kurz eingewiesen, wie die Lage ist. Es gibt einige Ursachen für das Nichtfunktionieren der Heizung. Das Überströmventil ist genauso defekt wie das Ausdehnungsgefäß. Ich demontiere das defekte Überstromventil und siehe da: Die Heizkörper werden wieder warm.

22. November 2023

Die Tolvis-Gasbrennwertheizung bei Herrn Tittel in Königsbrunn läuft seit vielen Jahren gut und ohne Störungen. Der Kundendienst ist problemlos, und wenn man im Heizungsraum seine Arbeit macht, wünscht man sich, dass alle Heizungsräume so aussehen würden wie der Heizungsraum bei Herrn Tittel. Sauber, gepflegt und so ein gutes Licht wie hier findet man eher selten.

Als komplettes Gegenbeispiel fällt mir da sofort der Heizungsraum bei der Firma Saab-Schnarcher in Augsburg ein. Als ich dort mit Theo vor 2 Wochen vor Ort war, konnten wir die Wartung nicht durchführen. Das erste Problem war, dass im kompletten Kellergeschoss der Strom ausgefallen war. Ein kurzes Nachfragen bei den Gabelstapelfahrern, die in der Halle unterwegs waren, brachte keine Lösung. Die hatten gar nicht mitbekommen, dass im Keller das Licht nicht mehr brennt und alles dunkel ist. Sämtliche Staplerfahrer hatten weder Betriebs- noch Ortskenntnisse und wussten nicht, wo sich der Sicherungskasten befinden könnte.

Theo und ich haben jedoch nicht sofort aufgegeben und schafften es mit Taschenlampen ausgerüstet bis zum Heizraum. Wir waren dann froh, dass wir nur das spärliche Taschenlampenlicht hatten. Der Heizungsraum war dermaßen verdreckt und voll mit Spinnweben, dass wir uns sicher waren, dass der Heizungsraum noch niemals Kontakt mit Reinigungspersonal hatte. Der kleine Stimmungsaufheller war dann, dass der Heizkessel im Heizraum mit Strom versorgt wurde. Die Stimmung war jedoch ganz schnell wieder im Keller, als wir festgestellt haben, dass der Ölbrenner auf Störung steht und der Heizkessel kalt war.

Da bei dieser Anlage in den letzten Jahren schon öfter mal das Heizöl ausgegangen war, führte mein nächster Weg, mit der Taschenlampe ausgestattet, zum Heizöllagerraum. Dort befindet sich ein großer kellergeschweißter Heizöllagerbehälter mit Platz für ungefähr 10.000 Liter

Heizöl. Leider war der Tank an diesem Tag komplett leer. Unsere Stimmung hatte einen noch tieferen Tiefpunkt erreicht. Wir haben dann unseren Wartungseinsatz abgebrochen und waren auf dem Weg zurück ans Tageslicht irgendwie froh, dass wir diese Arbeit heute nicht erledigen konnten.

23. November 2023

Am Donnerstagmorgen geht es wie so oft zu einer »Gießenbacher«-Kundschaft. Frau Leck aus Oberottmarshausen kenne ich auch schon seit über 25 Jahren. Damals, im Jahr 2006, war der Einbau eines Tolvis-Kessels schon etwas Ungewöhnliches. Viel Technik auf engstem Raum, wir waren bei diesem Produkt alle sehr kritisch und skeptisch. Aber diese Tolvis-Gaskessel laufen nach wie vor gut und mit wenigen Störungen. Zusätzlich zum Kundendienst soll ich noch hinter der Eckbank im Esszimmer ein Thermostatventil gängig machen. Ich krieche unter der Eckbank durch Staub und Spinnweben hindurch zum Thermostatventil. Frau Beck meint dann noch, dass für mich als Bergsteiger diese Reparatur relativ einfach zu erledigen sei. Mit dem Bergsteigen hat das Kriechen zum Ventil wenig zu tun, eher mit irgendwelchen Höhlenforschern. Ich bekomme das Ventil wieder zum Laufen und Frau Leck ist wieder mit meiner Arbeit zufrieden.

Danach erledige ich die Elektroarbeiten bei Familie Leger in Wehringen. Obwohl ich dort vor 2 Wochen aus Sicherheitsgründen die Heizung stillgelegt habe, werde ich trotzdem sehr gut behandelt und verpflegt. Es gibt immer Kaffee und etwas Süßes dazu. Nach Beendigung meiner Arbeiten gibt es noch eine Flasche Sekt und ein gutes Trinkgeld mit auf den Weg.

Nach der Mittagspause fahre ich zu Herrn Rupich nach Königsbrunn, der unbedingt mich zur Beseitigung seiner Ölbrennerverbrennungsstörung haben wollte. Das letzte Mal war ich vor 7 Jahren an der Anlage. Ich reguliere seinen Brenner ordnungsgemäß und rate ihm, einen Wartungsvertrag abzuschließen. Er gibt mir Recht. Mal schauen, ob tatsächlich ein Wartungsvertrag zustande kommt.

Die letzte Reparatur findet bei Familie Froschmann in Landsberg statt. Dort war ich ja erst letzte Woche zusammen mit Dodo. Da stellten wir die Undichtheit am Tolvis-Kessel fest. Jetzt ist schon wieder eine Heizungspumpe, die ungefähr 400 Euro kostet, defekt. Die Froschmanns haben mit ihrer Heizung gerade ganz schön viel Pech.

24. November 2023

Theo ist schon bereit für einen weiteren Schulungstag bei mir. Gestern haben Simon, Theo und ich noch gescherzt, dass ich Theo erst 2 Tage zur Schulung dabei hatte. Ich erwiderte, dass ich an diesen 2 Tagen sämtliches Wissen, das ich habe, an Theo weitergegeben habe.

Wir fahren zu Herrn Rammler nach Königsbrunn. Das ist eine »Jahrhundert«-Baustelle. Eine Baustelle, die vor langer Zeit begonnen wurde und die noch lange nicht beendet sein wird. Unsere Aufgabe ist heute, die Heizung, die von uns vor 3 Jahren eingebaut wurde, wieder in Betrieb zu nehmen. Viele meinen, wenn man was außer Betrieb nimmt, spart man sich Geld. In diesem Fall kostet es dann eher viel Geld. Eine Heizungspumpe hat sich wegen der Stilllegung festgefressen. Auch die Pelletanforderung von der Regelung funktioniert nicht mehr. Ein Fall für den Bargassner-Werkskundendienst. Wir haben dann aber doch noch ein kleines Erfolgserlebnis und bringen den Holzkessel zum Laufen.

Auf der zweiten Baustelle bei Frau Leitmeier aus Bobingen geht der Gasbrenner ab und zu auf Störung. Ich entriegele die Störung und zeige Frau Leitmeier, wie das Entriegeln des Gasbrenners funktioniert. Ich kann die Störungsursache auch durch meine Gasdruckmessung und durch meine Abgasmessung nicht feststellen. Der alte Gasbrenner ist bereits 25 Jahre alt und ich empfehle einen neuen.

Ab mittags sind alle meine Kollegen schon im Wochenende. Mir wurde von Irmgard aus dem Büro eine Störung bei Frau Beck in Königsbrunn gemeldet. Ihre Heizkörper werden nur noch lauwarm. Ich fahre zur Baustelle und bin dann noch keine ganze Minute im Heizungsraum, da klingelt es schon an der Haustüre. Der Nachbar von nebenan meldet sich zum Zuschauen bei der Heizungsreparatur. Ich ertrage es gefühlte zwei Minuten, dass mir der Nachbar bei der Reparatur im Nacken sitzt. Dann verweise ich ihn aus dem Heizungsraum mit der Begründung, dass ich zur Störungsbehebung meine Ruhe brauche und dass ich mich konzentrieren muss. Er geht ... Störungsursache war dann, dass der Außenfühler 45°Grad angezeigt hat und deshalb natürlich alles kalt geblieben ist.

27. November 2023

Zum Frühstück gibt es heute den restlichen Geburtstagskuchen von meiner Schwester Doris. Meine Cornelia und ich waren am Samstag bei Doris, um ihren 48. Geburtstag zu feiern. Es kommen nur nette Gäste, man kennt sich ja auch schon ganz viele Jahre. Irgendwann im Laufe des Abends kommt man natürlich auf die Themen Politik und das Heizungsgesetz. Seitdem die Regierung unser Land ruiniert, habe ich wirklich noch keinen einzigen Menschen getroffen, der hinter dieser Regierung steht. Und ich treffe jeden Tag auf viele Menschen.

Auch heute bei meiner ersten Kundschaft, Familie Teller aus Aystetten, ist Politik das Thema. Herr Teller hat ganz offensichtlich nicht »Grün« gewählt. Die Puderlos-Gasbrennwertheizung läuft gut und zuverlässig und die Unterhaltung mit Herrn Teller hat auch wieder Spaß gemacht.

Dann fahre ich zu Familie Dorenz nach Bobingen. Dort habe ich eine Platine am Heizstab zu wechseln und der Kundendienst am Gasbrennwertgerät muss auch erledigt werden. Die defekte Platine wurde zum Reparieren von uns zu Raddotherm geschickt, und von Raddotherm wurde sie dann zum Hersteller TO weitergeschickt. Der ganze Reparaturvorgang hat tatsächlich 3 Monate gedauert. Nach dem Einbau der Platine telefoniere ich mit Raddotherm, die Online-Zugriff auf die Heizungsregelung und auf den Heizstab haben.

Herr Kammling von Raddotherm kann nun über das Internet sämtliche Funktionen des Heizstabes überprüfen. Der Heizstab funktioniert mit der neuen Platine und ist ab jetzt in Betrieb. Dass der Reglungshersteller über das Internet Zugriff auf viele Heizungsanlagen hat, kann sich aber auch mal negativ auswirken. Familie Dorenz ruft am Nachmittag bei uns in der Firma an und berichtet, dass seit der Inbetriebnahme des Heizstabes die Raddotherm-Wärmepumpe nicht mehr anläuft. Ich fahre dann nochmals an die Anlage und telefoniere mit Herrn Kammling von Raddotherm. Er stellt dann relativ schnell fest, dass er die Wärmepumpe online abgeschaltet und dann vergessen hat, sie wieder einzuschalten. Wenn sich da mal einer bei Raddotherm einen Spaß macht, kann er auf einen Schlag ganz viele Heizungen stilllegen.

28. November 2023

Bei Frau Kirsch in Klosterlechfeld stehe ich heute wieder vor einer »tierischen« Herausforderung. Auf dem Weg in den Keller zum Heizungsraum muss ich durch das Wohnzimmer gehen. Auf dem Sofa im Wohnzimmer liegen 2 ausgewachsene Schäferhunde. Ich habe einfach nur Angst. Mir ist es schon bei kleinen Hunden unangenehm und unwohl. Bei solch großen Hunden stehe ich dann immer kurz vor der Panikattacke. Ich schildere Frau Kirsch meine Ängste. Sie versucht, mich zu beruhigen und zur zusätzlichen Absicherung sitzt sie mit ihrem Homeoffice-Laptop im Wohnzimmer.

Nun sind die Voraussetzungen geschaffen, dass ich das Haus nach dem Kundendienst an der Pelletheizung unverletzt verlassen kann. Der Kundendienst verläuft gut, ist aber teilweise sehr kräfteraubend. Letztes Jahr hat Dodo den Kundendienst erledigt. Wenn Dodo dann wieder den Kessel zusammenschraubt, zieht er die Schrauben mit höchster Kraftanstrengung an. Also Kraft hat der Dodo … Das ist mir in letzter Zeit schon öfter mal passiert, dass ich die von Dodo angezogenen Schrauben nur mit Mühe wieder lockern kann.

Nach diesem Kundendienst muss ich zu Herrn Wies nach Königsbrunn, wo ich auf einen alten Raddotherm-Regler ein Update aufspielen muss. Nach meinem Update ist zwar die neue Version auf dem Regler, aber die Funktionsübersicht auf dem Regler ist verschwunden.

Nach telefonischer Rücksprache mit Herrn Labermeier von Raddotherm stellt sich dann heraus, dass Raddotherm ein Fehler beim Update unterlaufen ist. Für mich heißt das, dass ich die Funktionsdaten vom Regler auf die SD-Karte speichern muss. Der Chef muss dann die Funktionsdaten per mail an Raddotherm schicken. Dann muss Raddotherm anhand der Funktionsdaten eine neue Funktionsübersicht erstellen. Anschließend muss Raddotherm die neue Funktionsübersicht per Mail wieder meinem Chef zuschicken. Mein Chef spielt die neue Funktionsübersicht auf die SD-Karte auf. Zum Abschluss fahre ich mit der SD-Karte zu Herrn Wies nach Königsbrunn und spiele die neue Funktionsübersicht auf den Raddotherm Regler auf. Früher war alles einfacher …

29. November 2023

Familie Schneid aus Bobingen war bisher noch keine Kundschaft unserer Firma. Unsere Firma wurde Familie Schneid von Nachbarn empfohlen. Am Anfang habe ich mir erst einmal die Leidensgeschichte von Familie Schneid angehört. Es waren schon einige andere Firmen an der Anlage und konnten die Reparatur nicht zur Zufriedenheit von Familie Schneid erledigen. Neben dem Puderlos-Gaskessel liegen etliche Bauteile, die in letzter Zeit gewechselt worden sind und keine Besserung gebracht haben. Pumpe, Steuergerät, Reglermodul und einiges mehr sind in letzter Zeit von unterschiedlichen

Firmen gewechselt worden. Es brachte keine Besserung und der Kessel fällt jeden Tag mehrmals aus. Diese Teile sind auch nicht billig, ich meine, da wurden einfach mal so ohne Erfolg Teile für 1.000 Euro gewechselt.

Ich mache mich dann mal an die Arbeit und checke alles durch. Ich finde heraus, dass ein Kesselfühler im Wert von ca. 30 Euro defekt ist. Im allerschlimmsten Fall brauchen Schneids eine neue Regelung. Jedoch gehe ich davon aus, dass der Tausch des Kesselfühlers den gewünschten Erfolg bringen könnte. Ich werde den Kesselfühler heute noch bestellen und ihn in den nächsten Tagen erneuern.

Beim anschließenden Kundendienst bei Herrn Zitter in Augsburg muss ich zusätzlich noch Warmwasserprobleme beheben. Es wird aber eine schnelle, einfache Reparatur. Der Pufferspeicher musste entlüftet werden.

Mittags ruft mich Ferdinand an, dass er Probleme mit der Pelletheizung bei Familie Tögele in Margertshausen hat. Ich gebe ihm einige Tipps und Ratschläge, wie er den Kessel wieder zum Laufen bringt. Eine halbe Stunde später ruft mich Meister Donald aus dem Büro an, dass ich zu Ferdinand nach Margertshausen rausfahren soll, damit die Heizung heute wieder in Betrieb geht. Meine Tipps, die ich Ferdinand gegeben habe, waren nicht erfolgreich. Als ich an der Pelletheizung bin, brauche ich keine 5 Minuten, bis der Kessel wieder läuft. Der Grund, dass der Kessel nicht losgelaufen ist, war eine fehlerhafte Einstellung bei der Betriebsart des Kessels. Anstatt »Zeitbetrieb« war »Pufferbetrieb« eingegeben. Jetzt will es wieder keiner gewesen sein, der da was verstellt hat …

30. November 2023

Um 7 Uhr ist heute im Betrieb eine Betriebsversammlung angesetzt. So nach und nach kommt einer nach dem anderen in den Aufenthaltsraum, dorthin, wo die Versammlung stattfindet. Es geht wie immer um Arbeitssicherheit und den sicheren Umgang mit Gasgeräten und den dazugehörenden Leitungen. Für unseren Chef geht es natürlich auch darum, dass er von jedem eine Unterschrift bekommt, mit der wir bestätigen, dass wir in sämtlichen Unfallverhütungsvorschriften geschult worden sind.

Nach einer halben Stunde ist dann alles vorbei und ich fahre zu Familie Lietmair in Bobingen, wo ich den Kundendienst am Gasbrennwertgerät zu machen habe. Ein einfacher, gut zu machender Kundendienst bei netten Leuten und am Ende des Kundendienstes gibt es dann auch noch ein passendes Trinkgeld.

In meiner Mittagspause meldet mir Sonnhilde noch eine Störung bei Herrn Störmann in Deuringen. An dem Tolvis-Gasbrennwertkessel habe ich erst vor 4 Wochen den Kundendienst gemacht. Ich habe bei der Störungsbehebung so meine Probleme und es dauert lange, bis ich die Störungsursache finde. An der Tolvis-Heizung treten 2 Probleme auf, die miteinander gar nix zu tun haben.

Das erste Problem ist, dass der Ölbrennermotor defekt ist. Im Tolvis-Service-Koffer ist der passende Motor, den ich auch gleich einbauen werde. Das zweite Problem ist wesentlich schwieriger zu lösen. Die Heizungsregelung schaltet den Brenner nicht mehr ein. Wenn ich die Reglerschleife überbrücke, dann läuft der Brenner. Es ist kalt und das Dreifamilienhaus ist voll mit Bewohnern.

In Abstimmung mit Herr Störmann überbrücke ich die Anforderung vom Kessel mit einer Drahtbrücke. So etwas ist eigentlich nicht erlaubt. In meinem Arbeitsbericht lasse ich mir von Herrn Störmann unterschreiben, dass er die komplette Verantwortung übernimmt, falls etwas passieren sollte … So zu handeln, ist weder gut und noch in Ordnung von mir, ich habe da die nächsten Tage mit Sicherheit ein schlechtes Gewissen.

1. Dezember 2023

Nachdem ich am Montag gearbeitet habe, muss ich heute nur bis um 11.30 Uhr arbeiten. Es ist jedoch schon bald absehbar, dass es für mich heute Überstunden gibt. Ich muss heute die Inbetriebnahme bei der neu installierten Heizung im Wohnhaus von Herrn Taimer aus Königsbrunn durchführen. Ich fahre um 8 Uhr zur Baustelle, wo Otto und Lotte schon die ganze Woche beschäftigt sind. Die beiden sind noch beim Befüllen der Anlage und müssen auch noch ihr komplettes Material und ihr ganzes Werkzeug aufräumen. Ich bin eindeutig zu früh dran mit meinem Versuch, die Inbetriebnahme durchzuführen.

Ich organisiere noch kurzfristig einen Kundendienst bei einer kleinen Wohnanlage in der Welserstraße in Königsbrunn. Die Mieterfamilie Russer ist meistens zu Hause und sie lassen mich dann wie immer zur Heizungsanlage ins Haus. Der Kundendienst am Puderlos-Gasbrennwertgerät ist problemlos und somit gut geeignet für die Zeitüberbrückung bis zur Inbetriebnahme im Taimer-Wohnhaus.

Nach dem Kundendienst fahre ich nochmals ins Büro, um Bestellungen und Terminvereinbarungen zu erledigen. Ich treffe auf Irmgard, die ja nach ihren 3 Jahren Babypause seit Anfang November wieder bei uns im Betrieb ist. Irmgard ist immer gut gelaunt und ich komme mit ihr gut zurecht. Ich habe das Gefühl, dass auch Irmgard mit mir ganz zufrieden ist, da sie mir immer Kundenaufträge geben kann, die sonst keiner erledigen will.

Jetzt, um kurz vor 11 Uhr, starte ich einen neuen Versuch, um die provisorische Inbetriebnahme auf der Taimer-Baustelle durchzuführen. Als ich auf der Baustelle ankomme, sind Otto und Lotte gerade fertig. Ich klemme die Anlage provisorisch elektrisch an und nehme sie in Betrieb. Es sind Puderlos- und Raddotherm-Produkte verbaut. In dieser Kombination mit Puderlos-Gasbrennwertgerät, Raddotherm-Frischwassermodul und Raddotherm-Schichtenspeicher mit eingebautem Heizstab haben wir noch nicht viel installiert. Es gibt dann auch ein paar Probleme, bis ich die Anlage zum Laufen bringe. Die ganzen Arbeiten dauern bis um 14.30 Uhr, so dass ich heute 3 Überstunden machen musste. Aber mit der Aussicht auf ein langes Wochenende kann man das dann verkraften. Meine endgültige Elektroinstallation werde ich am kommenden Dienstag machen.

5. Dezember 2023

Da bei mir die Arbeitswoche erst am Dienstag beginnt, war ich gestern, an meinem freien Montag, von dem Verkehrschaos wegen des Neuschnees nicht betroffen. Aufgrund der über 40 Zentimeter Neuschnee, der uns in der Nacht von Freitag auf Samstag eine schöne Winterlandschaft beschert hat, sind auch am heutigen Dienstag die Straßen noch schneebedeckt. Die Fahrt zum Betrieb wird somit um einiges zeitaufwendiger als sonst.

Endlich im Betrieb angekommen, schaue ich als Erstes auf unsere Planungstafel. Dort ist ersichtlich, wer auf welche Baustelle muss und wer heute überhaupt anwesend ist. Dodo ist seit gestern krank, und weder Simon noch Meister Donald hätten Zeit, Dodos Wochenenddienst zu übernehmen. Also bleibt der Bereitschaftsdienst wohl an mir hängen.

Ich fahre heute nochmals zum Taimer-Wohnhaus nach Königsbrunn, wo ich den ganzen Tag mit der Elektroinstallation beschäftigt sein werde. Herr Taimer ist heute wieder in seine Firma zum Arbeiten gegangen. Den Schlüssel für das Taimer-Haus bekomme ich von seiner Nachbarin. Das ist die Nachbarin, bei der wir vor 2 Wochen eine neue Heizung eingebaut haben. Nach der Schlüssellieferung durch die Nachbarin dauert es nicht lange, dann kommt die Kaffeelieferung der Nachbarin. Es gibt doch noch genügend nette Menschen auf der Welt ...

Da Otto und Lotte ja schon letzte Woche komplett mit ihrer Installation fertig geworden sind, bin ich heute ganz alleine im Haus. Über das Wochenende lief die Heizung provisorisch, nur mit den unbedingt notwendigen Elektroanschlusskabeln. Mich interessierte natürlich, ob mein Provisorium funktioniert hat und ob die Heizkörper warm geworden sind. Als ich dann in die Küche und ins Wohnzimmer gehe, um zu testen, ob die Heizkörper funktionieren, trifft mich fast der Schlag. Alle Zimmer sind voll mit Müll. Bis zu den Heizkörpern kommst du gar nicht durch. Aber es kommt mir ein warmer, ekliger

Duft entgegen, was für mich bedeutet, dass die Heizung funktioniert. Ich mache dann schnell wieder die Türen zu, damit die vielleicht schon anwesenden Ratten, nicht rauskönnen. Ich habe in meinem Kundendienst-Leben schon viele vermüllte Wohnungen gesehen, aber diese Wohnung ist mit Sicherheit unter den Top Five in der Müllwohnungstabelle …

6. Dezember 2023

Am heutigen Nikolaustag geht es gleich am frühen Morgen zu Familie Schreiner nach Inningen. Dort ist an dem MHG-Raketenbrenner der Kundendienst durchzuführen. Die Raketenbrenner sind in den 80er-Jahren in Mode gekommen. Durch ihre spezielle Technik verbrennen sie das Heizöl mehr oder weniger rußfrei und sie erzielen auch sehr gute Wirkungsgrade in Bezug auf den Heizölverbrauch. Der große Nachteil ist natürlich die Lautstärke des Ölbrenners. Er hat somit völlig zurecht den Namen »Raketenbrenner«.

Da für viele Kunden die Lautstärke des Brenners einfach zu viel des Guten war, gab es immer wieder Reklamationen. Die dann teilweise zum Wiederausbau des Brenners führten. Viele Heizungsfirmen haben dann auf den Einbau des Raketenbrenners verzichtet und haben wieder die bewährten »Gelbbrenner« eingebaut. Bei Schreiners in Inningen habe ich keine Beschwerden wegen der Lautstärke des Brenners mitbekommen. Aber Schreiners sind auch Kundschaft im Rentenalter, wer weiß, inwieweit deren Ohren noch alles mitbekommen.

In der Mittagspause ruft mich Sonnhilde ganz aufgeregt aus dem Büro an und schildert mir von Heizungsproblemen bei der Firma Saab Schnarcher in Augsburg. Angeblich ist alles kalt und ich hätte dort heute einen Termin gehabt. Davon wüsste ich aber dann allerdings auch was … Aber es hilft ja nix, dann muss ich halt heute Nachmittag noch zu Saab Schnarcher rausfahren. Es geht hauptsächlich darum, dass das Bürogebäude nicht mehr warm wird. Die zweite Heizung befindet sich in der Lagerhalle, wo nur die winterfest gekleideten Staplerfahrer unterwegs sind. Als ich bei Saab Schnarcher die Büroheizung überprüfe, ist ganz schnell ersichtlich, warum die Heizung streikt. Der Wasserdruck beträgt 0 bar und somit hat die Wassermangelsicherung ausgelöst, die dann den Gaskessel verriegelt. Das heißt für mich erst mal, dass ich das Heizungswasser nachfüllen muss. Ich fülle, fülle und fülle, bekomme aber keinen Druck in die Anlage. Ich vermute eine größere Undichtheit im Gebäude und frage mich im Büro durch, ob jemand einen Wasserschaden mitbekommen hat. Eine Büroangestellte berichtet, dass vor ein paar Tagen aus dem alten Lagerbüro eine Undichtheit gemeldet wurde. Mein Weg führt dann sofort in das alte Lagerbüro.

Bei meiner Ankunft steht das Büro dann schon 2 bis 3 Zentimeter unter Wasser. Einer der Lagerarbeiter hat dort einen KFE-Hahn abgerissen. Anstatt dass das sofort mit

Nachdruck gemeldet wird, passiert dort immer erst mal gar nix. Erst wenn es die Ersten im Büro friert, sollen wir immer sofort da sein …

7. Dezember 2023

Nachdem ich die Heizung im Bürogebäude bei Saab Schnarcher gestern zum Laufen gebracht habe, muss ich heute noch den Kundendienst am Ölbrenner in der Lagerhalle durchführen. Das wollte ich eigentlich schon vor 4 Wochen erledigen, aber es war kein Heizöl vorhanden und das Licht hat im kompletten Kellergeschoss nicht funktioniert. Alle Jahre wieder bei Saab Schnarcher … Bereits beim Kundendienst im letzten Jahr hat das Licht nicht funktioniert. Das Heizöl geht ihnen mindestens einmal im Jahr aus, da sich keiner von den Mitarbeitern darum kümmert, ob noch genügend Öl im Heizöltank ist. Doch heute ist ein guter Tag. Der Tank ist befüllt und auch das Licht funktioniert heute. Endlich mal ein Tag bei Saab Schnarcher, an dem es keine Probleme gibt.

Anschließend fahre ich zu Frau Tilhelm nach Königsbrunn, wo Ferdinand und Sören den Gasbrennwertkessel erneuert haben. Die Elektroarbeiten und die Inbetriebnahme, das sind dann wieder mal meine Arbeiten. Frau Tilhelm versorgt mich mit ausreichend Kaffee und süßen Teilchen. Ich danke es ihr mit einer schnellen, ordentlichen Elektroinstallation. Dass sie am Abend Warmwasser und eine laufende Heizung hat, löst bei ihr große

Freude aus. Nach 4 Tagen endlich wieder Duschen, das hat schon was.

Kurz vor Feierabend ruft mich Traute aus dem Büro mit einer aktuellen Notfallmeldung an. Im Privathaus vom Zahnarzt in Großaitingen ist das Heizöl ausgegangen und der Zahnarzt bringt die Heizung nicht mehr zum Laufen. In seiner Praxis ist ihm ja schon öfter mal das Heizöl ausgegangen. Dann heizt er immer provisorisch über Dieselkanister. Was allerdings meistens Ärger und Störungen verursacht. Wenn ich dann kommen muss, kostet es auch noch richtig viel Geld.

Aber manche lernen eben nicht aus ihren Fehlern und machen immer wieder den gleichen Mist. So auch der Zahnarzt, dem immer wieder das Heizöl ausgeht. Ich bringe den Ölbrenner an diesem Abend nicht mehr zum Laufen. Mir fehlt es dann auch an der Motivation, da auch auf dieser Baustelle das Licht im Heizraum ausgefallen ist. Ich helfe mir heute mit der Taschenlampe und fordere den Zahnarzt auf, dass er bis morgen für vernünftiges Licht sorgt. Es gibt hier viele Gemeinsamkeiten mit Saab Schnarcher.

8. Dezember 2023

Heute Morgen ist es in der Firma recht ruhig und übersichtlich. Theo, Sören, Maik, Ferdinand, Norbert, Momo, Simon, Matze und Magnus haben heute Urlaub oder überstundenfrei. Einige sind heute dann sicher unterwegs, um Weihnachtsgeschenke zu besorgen. Magnus wird heute seinen freien Tag sicherlich nutzen, um sein Weihnachtsgedicht zu üben, das er heute Abend bei der Weihnachtsfeier unseres Betriebes vortragen wird. Das ist inzwischen schon jahrelanger Brauch, dass die neuen Lehrlinge an der Weihnachtsfeier ein Weihnachtslied oder ein Weihnachtsgedicht vortragen müssen. Da trifft es dann halt heute mal unseren Lehrling Magnus.

Ich muss heute noch mal zu Frau Tilhelm nach Königsbrunn, um die restlichen Elektroarbeiten zu erledigen. Aber das ist eine sehr angenehme Baustelle, die keinerlei Probleme bereitet.

Danach fahre ich nochmals zum Zahnarzt nach Großaitingen, wo ich heute ja die Tankanlage prüfen und eventuell umbauen möchte, so dass die sichere Brennstoffzufuhr zum Ölbrenner gewährleistet ist. Jedoch hat der Zahnarzt gestern Abend wieder so lange mit seinen Dieselkanistern rumexperimentiert, bis der Ölbrenner auf Störung geht. Diesmal aber nicht wegen der Öltanks, sondern weil am Ölbrenner wahrscheinlich die Düse verstopft ist.

Der Zahnarzt hat sich seine Heizung vor ein paar Jahren von einer Schweizer Heizungsfirma einbauen lassen, die verständlicherweise kein Interesse haben wird, für eine Störungsbehebung nach Deutschland zu fahren. Es ist auch ein etwas spezieller Solf-Ölbrennwertkessel, für den man schon geschult sein sollte, bevor man an ihm rumschraubt. Eigentlich probiere ich immer, sämtliche Heizungsfabrikate wieder zum Laufen zu bringen. Bei dieser Heizung lehne ich jedoch die Reparatur des Ölbrenners ab. Ich organisiere noch eine Telefonnummer von einer Heizungsfirma, die Solf-Heizungen vertreibt und einbaut. Es ist immer von Vorteil, ein Fabrikat einzubauen, bei dem ein zuverlässiger, geschulter Kundendienst in der Nähe ist.

12. Dezember 2023

Am vergangenen Wochenende hatte Dodo Bereitschaftsdienst. Es war gut, dass ich ihm letzte Woche noch einige Informationen zu der Dörmann-Anlage in Deuringen habe zukommen lassen. Denn Herr Dörmann hat am Samstag tatsächlich unsere Bereitschaftsnummer gewählt. Dodo hat dann mich angerufen, weil ich Herrn Dörmann und seine Tolvis-Gasbrennwertanlage gut kenne. Ich war mir sicher, dass Herr Dörmann seine Heizung, die als Provisorium ohne Reglerabschaltung läuft, zu spät ausgeschaltet hat und dann irgendwann der Sicherheitstemperaturbegrenzer ausgelöst hat. Den Sicherheitstemperaturbegrenzer kann man nach dem Abkühlen des Kessels wieder entriegeln. Oft klappt das über telefonische Anweisungen, wenn man dem Kunden erklärt, wo der STB sitzt und wie man ihn entriegeln kann. Trotz größter Bemühungen meinerseits, Herrn Dörmann das zu vermitteln, scheiterte ich mit meiner Reparatur übers

Telefon. Dann musste halt Bereitschafts-Dodo rausfahren und den STB entriegeln.

Heute werde ich die defekte Platine austauschen, die so eine lange Lieferzeit hatte. Am vergangenen Freitag habe ich bis zum späten Nachmittag auf die dringend erwartete Platine gewartet, ohne Erfolg. Der Chef berichtet mir, dass er die Platine am Montagmorgen auf der Altöltonne gefunden hat. Der Paketdienst hat sie dort abgelegt. Das heißt, die mehrere Hundert Euro teure Platine hat 2 Tage bei Frost und teilweise bei Regen im Freien gelegen. Das wird heute sehr spannend, ob die Platine/Regelung nach der Montage funktioniert. Manchmal hat man dann aber auch Glück und der Austausch der Platine geht gut und auch sämtliche Regelungsfunktionen sind wieder in Ordnung.

Nach der erfolgreichen Reparatur fahre ich zurück zu unserer Firma. In der Hofeinfahrt steht ein schwarzer VW-Bus. Kurzzeitig erschrecke ich mich und gehe davon aus, dass ein Leichenwagen in der Einfahrt steht. Als ich dann aber sehe, dass Norbert Material und Werkzeug im Fahrzeug unterbringt, ist mir klar, dass das Norberts neues Firmenfahrzeug ist. Dieses Schwarz ist eine schreckliche Farbe, ich werde Norbert und seinen Mitfahrer in Zukunft als »Totengräbertrupp« bezeichnen.

13. Dezember 2023

Der erste Kundendienst am heutigen Mittwoch findet bei Familie Störwick in Schwabegg statt. Ein Ölbrennwertkessel, der die ersten Jahre oftmals Aussetzer hatte, aber inzwischen ganz zuverlässig läuft. Familie Störwick ist ganz in Ordnung. Frau Störwick kommt manchmal in einen Redefluss, in dem sie dann nicht mehr zu stoppen ist. Die beiden Störwick-Buben sind so um die 40 Jahre alt und wohnen beide noch im Elternhaus. Wenn sie daheim sind, stehen sie beide bei der Heizungsreparatur mit im Heizungsraum. Ich schicke sie dann immer nach oben, weil ich von vielen Personen im Heizungsraum genervt bin. Sie gehen dann auch immer ohne Widerrede nach oben in die Wohnung. Ich glaube, die beiden Söhne haben irgendein Problem, aber ich frage da nicht weiter nach, das geht mich nichts an.

Später muss ich bei Familie Schneid aus Bobingen, einer neuen Kundschaft, einen defekten Kesselfühler erneuern. Den Defekt des Kesselfühlers im Wert von circa 30 Euro hatte ich vor 2 Wochen festgestellt. Vor mir versuchten sich einige andere Heizungsfirmen an der Reparatur der Kesselregelung des Gaskessels. Unter anderem wurden der STB, das Steuergerät und ein mehrere hundert Euro teures Mischermodul erneuert. Alles ohne Erfolg, der STB löste mehrmals am Tag aus. Ich denke, die 30 Euro für den neuen Kesselfühler sind eine gute Investition, da die Regelung jetzt wieder so funktioniert, wie sie soll.

Nachdem mich der Chef jetzt schon zweimal darauf angesprochen hat, ob ich Frau von Britschen von der St.-Josefs-Apotheke in Augsburg wegen ihre schrecklichen »Heet App«-Regelung zurückgerufen habe, muss ich heute dann wohl mal zurückrufen.
Die »Heet App« ist die Heizkörperregelung, an der Simon und ich vor einigen Monaten 2 Tage damit beschäftigt waren, die Regelung mithilfe des Laptops zu programmieren, bis diese einigermaßen funktioniert hat. Ich habe mir damals schon geschworen, dass ich diese Anlage nicht mehr anfahre und so unglaublich viel Zeit verschwende. Schließlich rufe ich Frau von Britschen an und gebe ihr eine Hotline-Nummer von der »Heet App«-Betreiberfirma durch. Die sollen sich mal selber um Frau von Britschen kümmern.

14. Dezember 2023

Nach dem problemlosen Kundendienst am Ölbrenner von Herrn Ransard aus Bobingen, habe ich um 9 Uhr einen Termin bei Herrn Maußlach, der auch in Bobingen wohnt. Ich kenne Herrn Maußlach von meiner Lehrzeit in der Firma Hoch. Meine Elektrikerlehre fand die meiste Zeit in der Elektrolehrwerkstatt direkt neben der Werkstatt der Mess- und Regelmechaniker statt.
In der Lehrwerkstatt der Mess- und Regelmechaniker war Herr Maußlach Lehrmeister und für die Ausbildung der Lehrlinge verantwortlich. Nach meiner Lehrzeit habe ich die Firma Hoch verlassen. Erst im Jahr 2011 kreuzten

sich die Wege von Herrn Maußlach und mir wieder, als wir bei ihm eine neue Tolvis-Gasbrennwertheizung eingebaut haben. Die Elektroarbeiten wurden damals von mir erledigt. Seitdem war ich jedes Jahr zum Kundendienst bei ihm vor Ort.

Irgendwie habe ich dann mitbekommen, dass seine bettlägerige Mutter bei ihm im Haus wohnt. Herr Maußlach ist jetzt 73 Jahre alt und ist seit 10 Jahren in Rente. Seine Mutter wurde genau zu dem Zeitpunkt, als er in Rente kam, zum Pflegefall. Herr Maußlach pflegt seit 10 Jahren seine inzwischen 102 Jahre alte Mutter. Sie sieht, hört und spricht nicht mehr. In diesem Fall wäre das Sterben wohl eine Erlösung für alle. Mein allergrößter Respekt gilt der Leistung von Herrn Maußlach. Anstatt vieler Reisen und sonstiger schöner Dinge, die man als Rentner genießt, pflegt er tagtäglich seine Mutter.

Später im Büro beraten und besprechen wir uns über die Wartungswünsche und die Wartungsverträge, die wir zeitlich kaum noch bewältigen können. Ein Grund dafür ist, dass die Anzahl unserer Wartungsverträge immer weiter ansteigt. Ein weiterer Grund ist, dass die Wartungen für Pelletkessel und auch für »Ossi«-Anlagen sehr zeitaufwendig sind. Noch ein Grund ist, dass ich schon seit fast 2 Jahren und Simon seit 3 Monaten nur noch 4 Tage in der Woche arbeiten. Meister Donald meint, dass man Kunden ohne Wartungsvertrag auch mal ein halbes Jahr vertrösten kann oder dass man sie gleich ablehnt. Ich bin dafür, dass man Kunden, die noch offene Rechnungen bei uns haben oder die ständig ihre Rechnungen kürzen wollen, aussortiert.

15. Dezember 2023

Simon muss am heutigen Freitag arbeiten, da er an diesem Wochenende Bereitschaft hat. Er ist dann aber schon bei seiner Ankunft im Büro sichtlich genervt. Es liegen schon wieder 2 Arbeitsaufträge mit Störungen an seinem Platz. Da er für heute Vormittag schon 2 Termine ausgemacht hat und man auch nicht so genau weiß, was heute noch alles kommt, kann es für Simon heute noch stressig werden. Ich nehme ihm dann mal eine Störung ab, was seine Laune sichtlich verbessert.

Aber zunächst fahre ich zu Frau Fang nach Bobingen, meine altbekannte Kundschaft mit ihrem Etagenofen und der Öldruckpumpe im Keller. Beim Betrieb des Etagenofens gibt es ungewohnte Geräusche. Ich vermute, dass es der Druckminderer in der Ölzufuhr ist. Da wir dieses Teil nicht vorrätig haben, muss ich es über den Großhändler erst einmal bestellen.

Anschließend fahre ich zu der Störung, die ich Simon abgenommen habe. Bei Herrn Schäfler aus Lagerlechfeld ist das Gasbrennwertgerät dermaßen stark verdreckt, dass ein neuer Spiralwärmetauscher notwendig ist. Außerdem ist der Anschluss vom Kondensatablauf durchgerostet. Diese Störungsbehebung kostet mich dann mehr Zeit, als ich heute eigentlich habe. Ich habe ja heute noch Elektroarbeiten und eine provisorische Inbetriebnahme durchzuführen.

Erst um 11 Uhr komme ich zu Reutlers in Bobingen, wo diese Arbeiten zu erledigen sind. Theo und Ferdinand sind schon nicht mehr auf der Baustelle. Theo hat sich ins Wochenende verabschiedet und Ferdinand hat sich von der Firma verabschiedet. Es war heute Ferdinands letzter Arbeitstag, der ja noch Urlaub hat und seine Überstunden freibekommt, bevor er im Februar seine neue Arbeitsstelle bei der Bundesbahn anfängt.

Scheinbar waren die beiden auch schon auf der Reutler-Baustelle in Feierlaune. Es sind den beiden einige Montagefehler unterlaufen. Die Pufferpumpe ist falsch herum eingebaut und die Pumpenstation für die Fußbodenheizung ist ohne Mischer und somit nicht für diese Anlage geeignet. Solche Nachlässigkeiten kenne ich von Theo eigentlich gar nicht. Egal, dann muss er am Montag noch mal auf diese Baustelle und seinen Murks ausbessern …

19. Dezember 2023

Wie immer, seit Oktober, geht es für mich erst am Dienstag los. Die Elektrobaustelle Reutler, die ich am Freitag provisorisch in Betrieb genommen habe, werde ich heute ordnungsgemäß verdrahten. Das ist heute viel Arbeit und ich werde den ganzen Tag zur Fertigstellung brauchen.

Als ich heute Morgen ins Büro komme, spricht mich gleich der Chef wegen einer gemeldeten Störung an. Bei Rammlers in Königsbrunn war gestern der Bargassner-Kundendienst, um ein Update auf die Regelung des Pellets-/Holz-Kombikessels aufzuspielen. Kaum war der Kundendienst weg, ist die Störmeldung »Rücklauftemperatur zu gering« gekommen. Der Chef meint, ich soll zu Rammlers fahren. Ich lehne ab, da ich mit meiner Elektrobaustelle genügend Arbeit habe. Ich möchte die Baustelle heute abschließen.

Dann frage ich mal vorsichtig bei Simon an, ob er rausfahren würde. Sein Blick und seine Gestik signalisieren mir sehr schnell, dass er die Rammler-Störung auch ablehnt. Meister Donald schaltet sich auch noch in das Gespräch ein und meint, dass Simon dann halt meine Elektroarbeiten übernehmen solle und ich könne zu Rammler. Das ist gar keine Option für Simon, er lehnt sofort ab.

Jetzt fahre ich einfach mal zur Reutler-Baustelle raus, um die Elektroarbeiten fertigzustellen. Sofort nach meiner Ankunft werde ich mit reichlich Essen und Trinken eingedeckt. Auf so einer Baustelle kann man dann schon mal 1 bis 2 Kilo zunehmen. Mittags meint Frau Reutler, dass ich ja fast nichts gegessen hätte. Zu meiner Verteidigung sage ich ihr, dass das Essen, das sie mir hingestellt hat, eine ganze Woche reichen würde. Bevor ich fahre, bekomme ich auch noch ein ordentliches Trinkgeld. Bei Familie Reutler habe ich eine 1a-Elektroinstallation abgeliefert.

Familie Reutler hat sich mit dem Essen, Trinken und dem Trinkgeld mehr als erkenntlich gezeigt.

Zurück im Betrieb berichtet mir Simon noch kurz, dass er für sich und mich einen gemeinsamen Termin bei Rammlers in Königsbrunn ausgemacht hat.

20. Dezember 2023

Simon hat ja für heute einen gemeinsamen Termin an der Holz-Pellet-Kombianlage bei Herrn Rammler in Königsbrunn ausgemacht. Ein Termin, bei dem man keine große Vorfreude verspürt. Herr Rammler ist sehr unzufrieden mit seiner 3 Jahre alten Heizungsanlage. Die nach seinen Angaben insgesamt 80.000 Euro gekostet hat. Für uns beide ist ein souveränes Auftreten an der Anlage nicht ganz einfach. Wir sind auf den Bargassner-Kombikessel nicht geschult. Bei den 2 von uns verbauten Holz-Pellet-Kombianlagen wäre eine Schulung unrentabel gewesen.

Vor der Anlage stehend, sind wir beide dann ziemlich hilf- und planlos. Wir bringen den Pelletkessel nicht zum Laufen. Vorrang hat immer der Holzkessel, und der Pelletkessel springt dann nur im äußersten Notfall ein. Diesen Notfall zu simulieren ist nicht so einfach. Bestimmte Pufferfühlerwerte müssen unter nicht vorgegebene Temperaturen sinken, eine erfolglose Zündung des Holzkessels muss vorliegen und noch einiges mehr. Wir probieren es mit der Bargassner-Hotline.

Im Keller gibt es aber kein Netz. Somit muss Simon vom Erdgeschoss aus telefonieren und die Bargassner-KD-Anweisungen durch das Treppenhaus zum Heizungsraum runterschreien. Ich stelle dann vor dem Heizkessel stehend die Parameter entsprechend den Anweisungen ein. Die Heizungsanlage über das Internet mit Hargassner zu verbinden, wäre die optimale Lösung. Dann könnte Hargassner die Anlage auf deren Bildschirm überwachen und gegebenenfalls Einstellungen verändern. Herr Rammler will aber nicht, dass jemand über das Internet in sein Haus eindringt. Wir erzielen keine großen Erfolge an der Anlage, höchstens einen kleinen Teilerfolg, indem wir die Rücklauftemperaturanhebung hochstellen. Herr Rammler ist unzufrieden, wir sind auch unzufrieden, wenn wir das Gefühl haben, dass wir eine Anlage nicht richtig im Griff haben.

Später muss ich noch zu einem Mietshaus von Frau Zohner in Bobingen. Dort sind vor einem Jahr neue Mieter eingezogen, die von mir wissen wollen, wie sie die Temperatur der Fußbodenheizung rauf- und runterstellen können. Ich suche bei ihnen die ganze Wohnung nach dem Fußbodenverteilerkasten ab, an dem man diese Temperaturveränderungen vornehmen kann. Irgendwann werde ich dann doch noch fündig. Der Kachelofenbauer hat seinen Kachelofen direkt vor den Fußbodenverteilerkasten gemauert, der Verteilerkasten ist somit nicht mehr zugängig. Manche Kollegen aus dem Handwerk arbeiten leider komplett ohne Hirn …

21. Dezember 2023

Heute sind Elektroarbeiten bei Familie Terrmann in Bobingen zu erledigen. Matze und Maik haben die letzten Tage dort ein neues Gasbrennwertgerät eingebaut. Die alte Gasheizung hatte ich vor ein paar Wochen aufgrund einer nicht mehr dicht schließenden Gasarmatur stillgelegt. Dank ihres Kachelofens konnte Familie Terrmann die Zeit ohne Heizung einigermaßen überbrücken. Warmwasser hatten sie nach wie vor, da ein separater Warmwasserbereiter vorhanden ist.

Als ich um 7.30 Uhr auf die Baustelle komme, ist es im Haus völlig ungemütlich. Es zieht dermaßen, dass ich in Sorge bin, dass ich an den Feiertagen krank werde. Meine Elektroarbeiten wären nach 3 Stunden erledigt gewesen. Leider war kein Außenfühler auffindbar, es kann aber auch sein, dass bei der alten Heizung kein Außenfühler benötigt wurde. Somit muss ich ein neues Kabel vom Gasbrennwertgerät zum Außenfühler verlegen. Der Aufwand kostet mich dann 2 zusätzliche Arbeitsstunden. Der Rest klappt gut und die neue Heizungsanlage läuft mittags.

Anschließend fahre ich in die Firma, um endlich mal wieder mein Auto auszuräumen. Mit den 2 Elektrobaustellen hat sich diese Woche einiges im Auto angesammelt. Ich gehe danach noch ins Büro, um ein paar Termine auszumachen. Es dauert jedoch nicht lange, dann kommt Sonnhilde mit einer »Totalausfall«-Störung in der Mulzerstraße in Lagerlechfeld.

In der Mulzerstaße erwartet mich bereits der Hausmeister am Hauseingang. Als ich dann im Heizungsraum bin, dauert es ungefähr 1 Minute, bis ich den Fehler gefunden habe. Es ist alles dunkel, es brennt keine Funktionslampe an den Pumpen und auch an der Regelung ist alles »tot«. Auch die Glimmlampe am Heizungsnotschalter leuchtet nicht mehr. Das bedeutet, dass der Schalter ausgeschaltet ist oder dass kein Strom bis zum Schalter kommt (Sicherung defekt). Es war dann tatsächlich nur der Heizungsnotschalter ausgeschaltet, wahrscheinlich war da jemand mit mehr als 2 Promille unterwegs und hat dann den Heizungsnotschalter mit einem Lichtschalter verwechselt.

22. Dezember 2023

Heute ist der letzte offizielle Arbeitstag in unserem Betrieb, dann gehen die meisten in den wohlverdienten Weihnachtsurlaub. Nächste Woche ist im Büro nur eine Notbesetzung und unser Bereitschaftsmonteur fährt nur los, wenn es unbedingt notwendig ist.

Am heutigen Freitag passiert nicht mehr viel, die meisten drücken sich die noch rumzubringenden 4 Stunden irgendwo im Betrieb herum. Die Autos werden ausgeräumt und geputzt. Das könnte man aber auch in 1 Stunde erledigen. Als ich am Morgen an meinen Schreibtisch im Büro komme, liegen schon die Wertmarken für die Autowaschanlage auf meinem Tisch. Bei dem heutigen Wetter mit Wind und Dauerregen macht das Autowaschen aber nicht viel Sinn. Aber wir sollen es machen, weil wir es jedes Jahr so machen … Mir wird das alles zu viel mit dem Rumstehen im Betrieb und so fahre ich los und werde noch ein paar Wartungen erledigen.

Eine Wartung ist bei Familie Mosch in Königsbrunn. Dort ist das ganze Reihenhaus voll mit Hunden und Katzen. Das ähnelt schon einem Tierheim. Schön für mich, dass ich Familie Mosch nicht in meiner Nachbarschaft habe. Im Haus ist auf dem Weg zum Heizungsraum ein sehr hoher Geräuschpegel zu ertragen. Die Hunde bellen durchgehend. Herr Mosch schimpft ununterbrochen mit seinen Hunden. So viele Hunde im Haus und kein einziger hört auf Herrn Mosch. Nach dem Kundendienst fühle ich mich in meiner Hundeabneigung bestätigt.

Danach fahre ich zu Taumanns, die auch in Königsbrunn zu Hause sind. Die beiden sind weit über 80 Jahre alt. Herr Taumann bleibt zu Beginn des Kundendienstes bei mir im Heizungsraum. Er hat scheinbar Verdauungsprobleme. Ständig kommen irgendwelche Töne aus seinem Körper. Doch es kommt noch schlimmer, als ganz schreckliche Gerüche seinem Körper entweichen. Man kann auch sagen, es stinkt ganz fürchterlich. Ich bin dann erleichtert, dass er nicht mehr so lange stehen kann und zum Ausruhen ins Wohnzimmer hochgeht.

Mittags komme ich zur Firma zurück. Die meisten meiner Kollegen haben sich schon in den Weihnachtsurlaub verabschiedet. Von der Chefetage bekomme ich noch Wein und einen Schokoladenteller mit auf den Weg in meine Urlaubswoche.

Wieder ein Jahr geschafft auf dem langen Weg bis zur Rente …

Weniger ist leer.

Es gibt so viele, die hoffen auf mehr, um überleben zu können. Ihre Spende hilft.

Spendenkonto KD Bank
IBAN: DE10 1006 1006 0500 5005 00

Mitglied der

Brot
für die Welt